60분 만에 아는

블록체인

60분 만에 아는
블록체인

가상화폐 비즈니스 연구회 지음
주식회사 블록체인 허브 감수 | 이해란 옮김

BLOCKCHAIN

국일증권경제연구소

CONTENTS

2장

비트코인의 원리

아, 그렇구나!

3장

비트코인 이용법

지금 시작해 보자!

4장

블록체인을 밑받침하는 기술

이제 알았다!

5장 비트코인과 블록체인의 최근 동향

기회를 놓치지 말자!

1장

비트코인과 블록체인의 기초

이제라도 늦지 않았다!

비트코인이란?

인터넷이 연결된 곳에서 사용할 수 있는 돈

비트코인(Bitcoin)이란 인터넷이 연결된 곳에서 사용할 수 있는 새로운 형태의 돈이다. 일본에서는 보통 "**가상화폐**"라고 부르지만 해외에서는 통상 "**암호화폐**"라고 부른다. 2009년에 운용을 개시한 만큼 역사는 짧다.

비트코인은 "인터넷 접속만으로 세상을 바꿀 혁명"이라고 일컬어진다. 왜냐하면 별도의 관리자 없이도 사용자가 인터넷을 이용하여 타인에게 디지털 재산을 안전하게 넘겨주는 일이 가능하도록 만들었기 때문이다. 그것이 가능하도록 하는 기술이 바로 "블록체인(Block chain)"이다. 현재 공공과 민간 기업이 블록체인에 주목하고 있고, 이것을 여러 분야에 응용하기 위한 연구 및 개발을 진행하고 있다. 또한 비트코인이 등장한 이후 블록체인을 이용한 다른 가상화폐도 여럿 탄생했다.

비트코인의 가장 큰 특징은 관리자가 존재하지 않는다는 점이다. 어떤 국가의 정부도, 중앙은행도, 금융기관도 비트코인 운영에 관여하지 않는다. 사토시 나카모토라고 이름을 밝힌 인물(혹은 집단)의 논문이 비트코인 존재를 밝힌 첫 시작이었을 뿐, 현재는 누가 관리하는 것이 아니라 그저 '관리자가 없다'는 '미리 정해진 시스템'에 따라 계속 작동한다.

관리자가 없고, 특정 서버조차 필요로 하지 않기 때문에 오히려 견고한 네트워크 구축이 가능하며 데이터 변조도 매우 어렵다. 또한 비트코인은 블록체인에 근거하여 움직이므로 관리자가 없을지라도 운용을 시작한 이후로 지금까지 단 한 번도 작동을 멈춘 적이 없다.

---

1 한국에서도 일본과 마찬가지로 "암호화폐"보다는 "가상화폐"라는 명칭이 널리 쓰인다.

인터넷이 생긴 이래 최고의 혁명! 비트코인의 특징

2009년 운용 개시
운용을 시작한지 채 10년이
지나지 않아 역사는 짧다.

새로운 형태의 돈
일본에서는 가상화폐, 해외에
서는 암호화폐라고 불린다.

 비트코인

블록체인 기술 채용
운용을 시작한 이래로 시스
템이 작동을 멈춘 적이 없다.

관리자가 없다
정해진 시스템에 따라 계속
작동한다.

▲ 비트코인은 인터넷에서 쓸 수 있는 새로운 형태의 돈으로 기존 화폐와는 전혀 다르다.

가상화폐? 암호화폐?

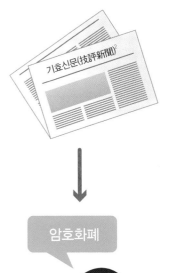

일본에서는 대중매체가 앞장서서 "가상화폐"라는 명칭을 쓰기 시작하여 정착했다.

암호화폐라고 부르자는 움직임도 있다.

▲ 비트코인이 나온 초기부터 이용자를 중심으로 "가상화폐" 대신 "암호화폐"라고 부르자는 움직임도 있다. 가상화폐라고 부르면, '가상'이라는 단어에서 '현실이 아니다, 사실이 아니다'가 떠오르고 곧 '수상하다, 위험하다'라는 부정적 이미지가 연상된다는 이유에서다.

---

2 기효신문은 실제로 있는 것은 아니고 원서 출판사인 "기주쓰효론샤(技術評論社)에서 따온 이름으로 추정된다.

블록체인이란?

블록체인이란 비트코인을
떠받치는 중요한 기술

블록체인이란 비트코인의 구조를 떠받치는 근간 기술이다. 현존하는 수많은 정보 시스템은 중앙에 서버를 두는 이른바 중앙집권적 관리 구조를 채용하고 있다. 예컨대 금융기관에서 관리하는 거래 데이터도 마찬가지다.

하지만 블록체인은 개인과 개인이 직접 연결되는 P2P(peer to peer) 네트워크 형식의 "분산장부" 구조로 데이터를 관리한다. 블록체인에 기반을 둔 비트코인은 과거부터 현재까지 이루어진 모든 거래를 쭉 기록하고 공개한다. 데이터를 체인처럼 연결하여 누구나 열람할 수 있게 공개함으로써 서로서로 감시하는 구조를 택한 것이다. 다수의 비트코인 노드(node: 네트워크 참가자)가 거래 기록을 공유하므로 데이터 일부분이 손상되어도 다른 노드에서 재생이 가능하기 때문에 데이터는 소실되지 않는다. 관리자가 없어도 시스템이 멈추지 않고 계속 돌아가는 이유가 바로 블록체인에 있는 것이다.

최근에는 블록체인 기술에 착안하여 여러 연구와 개발이 진행되고 있다. 알트코인(altcoin, 비트코인을 제외한 가상화폐를 총칭)을 개발하거나 금융, 엔터테인먼트, 공유사업 등 온갖 분야에 블록체인을 응용하려는 움직임이 가속화하고 있으며 각국 정부와 중앙은행에서도 독자적인 가상화폐를 개발하려는 움직임을 보이고 있다.

전 세계로 데이터를 공유하는 블록체인의 구조

중앙집권형

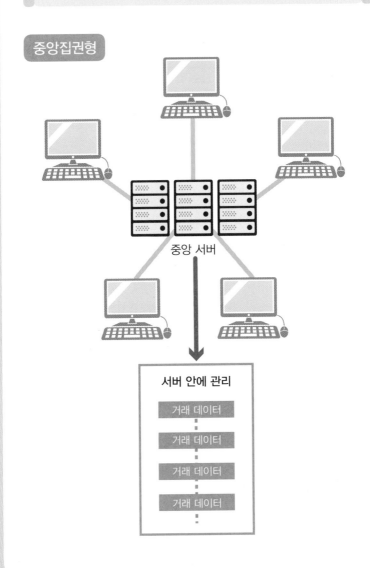

중앙 서버

서버 안에 관리

거래 데이터

거래 데이터

거래 데이터

거래 데이터

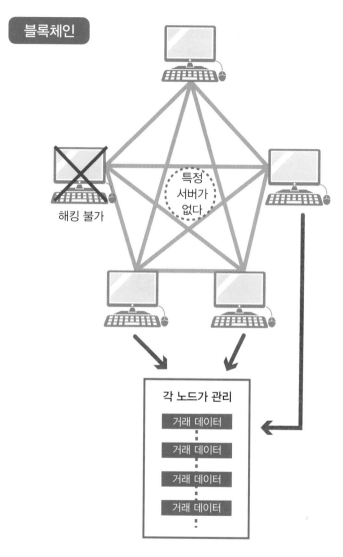

블록체인

특정
서버가
없다

해킹 불가

각 노드가 관리

거래 데이터

거래 데이터

거래 데이터

거래 데이터

▲ 비트코인의 근간 기술인 블록체인은 거래 데이터 전부를 이용자 모두와 공유하기 때문에 어딘가에서 데이터가 분실되어도 아무 문제가 없다.

비트코인과 블록체인의
관계는?

비트코인에서 블록체인을 분리하는 흐름

비트코인과 블록체인은 어떤 관계일까? 먼저 비트코인은 앞에서 말했다시피 인터넷이 연결된 곳에서 거래할 수 있는 가상화폐의 한 종류다. 결국 비트코인은 암호기술을 사용한 가상화폐라는 말이다. 본래 용도는 '돈'이며, 경제적 가치를 교환하는 데 쓰인다.

한편 블록체인은 비트코인과 함께 발명된 기술이다. 블록체인이라는 이름 그대로 일정 기간의 거래를 블록화해서 체인처럼 연결하는데, 앞 블록의 내용을 뒤 블록이 봉인하는 방식으로 신뢰성을 구축한다. 그리고 다수의 노드(해당 시스템의 네트워크 참가자)가 동일한 거래 이력을 동기화하여 신뢰성을 담보한다.

블록체인은 원래 비트코인에 쓰인 기술이지만 블록체인 자체의 유용성이 눈길을 끌면서 응용 연구가 확산되었다. 비트코인에서 블록체인이 떨어져 나온 셈이다.

비트코인과 다른 별도의 블록체인으로 새로운 가상화폐를 만들려는 시도도 있다. 그 대표적 사례가 바로 이더리움(Ethereum)[3]이다. 이더리움 블록체인에서는 이더(Ether)라는 가상화폐가 발행된다.

가상화폐뿐 아니라 금융과 IT(정보기술)를 융합한 핀테크 분야에서도 많은 기업과 정부가 블록체인을 응용하려 애쓰는 중이다. 특히 간결하고 튼튼한 시스템을 구축할 수 있다는 점에서 블록체인의 이점을 발견하고 있다.

---

3 비트코인 블록의 크기는 약 1MB이며 10분에 한 번씩 거래 내역이 담긴 블록을 생성하여 체인으로 연결한다. 따라서 에너지 소모량이 크고 속도가 느리다. 반면 이더리움 블록은 크기가 무제한이며 10초에 한 번씩 블록을 생성하므로 속도가 빠르고 에너지 효율도 높다.

비트코인

근간 기술이 블록체인

분리

분리

이더리움을 비롯한
다른 가상화폐

핀테크에 응용

▲ 비트코인에서 블록체인 기술을 끄집어내 다양한 분야에 응용하려는 흐름이 두드러지
는 추세다. 대표 사례로 비트코인과는 다른 가상화폐 운용을 들 수 있고, 핀테크 분야
에서도 블록체인을 폭넓게 활용하기 위한 연구와 개발이 한창이다.

04

블록체인의 블록은 뭐지?

비트코인의 블록이란
약 10분간 거래된 덩어리

비트코인 거래 내역은 과거부터 현재까지 전부 기록되고, 한 번 기록되면 변경이 불가능하다. 블록체인의 블록이란 전체 기간 중 '일정 기간'의 거래 정보를 기록한 덩어리다. 블록체인은 모든 거래를 일정 간격으로 구분하고, 각각의 덩어리(블록)를 연결해 처리한다.

비트코인의 거래 데이터는 해시값(hash value)[4]으로 연결되어 있는 블록에 입력된다. 타임스탬프(거래 일시 기록), 버전 정보 따위와 함께 블록에 입력되어 체인 모양으로 이어지기 때문에 한 번 입력된(봉인된) 데이터의 내용은 변경하기가 대단히 어려운 구조다.

블록 처리를 하는 와중에 다음 블록이 연결되는 것 또한 블록체인의 특징이다. 중앙 서버를 이용하는 기존 거래는 '과거 거래를 확정하고 나서 다음 거래로' 넘어가지만 블록체인은 거래가 확정되지 않아도 다음으로 넘어간다. 그 결과 거래 이력이 갈라지더라도 갈라져 나온 체인은 "가장 긴 체인이 옳다"라는 규칙에 따라 자동으로 파기된다.

블록은 평균적으로 약 10분마다 생성된다. 생성된 블록은 P2P(peer to peer) 네트워크를 통해 다른 비트코인 참가자에게 공유된다.

---

4 컴퓨터 암호화 기술의 일종을 해시함수(hash function)라고 하며 해시함수에 의해 얻어지는 값을 해시값이라고 한다. 즉, 암호학적 해시함수에 따라 계산된 값이라고 생각하면 된다.

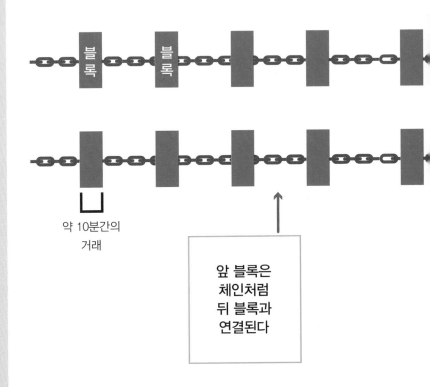

약 10분간의
거래

앞 블록은
체인처럼
뒤 블록과
연결된다

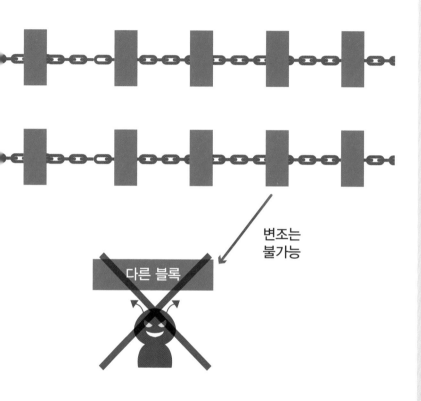

변조는
불가능

다른 블록

▲ 블록이란 비트코인의 거래 이력을 구성하는 일부분이다. 블록 하나당 약 10분간의 거래 정보가 기록되며, 모든 블록은 과거 블록부터 차례대로 체인처럼 연결된다.

05

인터넷 등장 이래 가장 큰 충격! 블록체인, 뭐가 대단해?

인터넷에서 '가치 전달'을 가능케 하다

세계사를 보면 언제나 '정보 전달'이 사회 구조에 혁명을 일으켰다. 인류의 역사는 정보 전달의 역사라고도 할 수 있다. 점토판과 벽에 상형문자를 새겨 후세에 정보를 남겼고, 그 후 현재 쓰이는 것과 비슷한 문자가 발명되었다. 인쇄 기술의 발명은 정보 전달의 범위를 확장하였으며, 1990년대에는 인터넷이 발달하며 범위 확장이 가속화되었고 그로 인해 전 세계 어디서나 순식간에 정보를 보내는 일이 가능해졌다.

단, 기존 인터넷에서는 제삼자의 중개를 거치지 않고서는 가치를 전달하기가 어려웠다. 아무래도 불법 변조의 우려가 있기 때문이다. 그러나 블록체인에 기초하는 비트코인은 이것을 가능하게 만들었다. 비트코인의 운용이 개시된 2009년 이후 몇 차례나 공격을 받았음에도 비트코인 시스템은 다운되는 일 없이 작동을 계속하고 있다.

이처럼 블록체인은 '가치'를 전달할 수 있다는 점에서 대단하다. 앞으로는 비트코인 같은 화폐가 갖는 경제 가치는 물론이고 주식, 부동산 등기, 공유사업 육성에 꼭 필요한 집이나 자동차의 사용권, 저작권으로 대표되는 지식재산권까지 다양한 가치의 전달이 가능해질 것이다.

인터넷이 사회에 혁명을 일으키고 이제는 생활의 필수 요건이 되었듯이 블록체인도 가까운 미래에 없어서는 안 될 생활 요건으로 자리매김할 가능성이 크다.

블록체인의 무엇이 대단한가?

지금까지 일반적으로 이용되어 온 인터넷

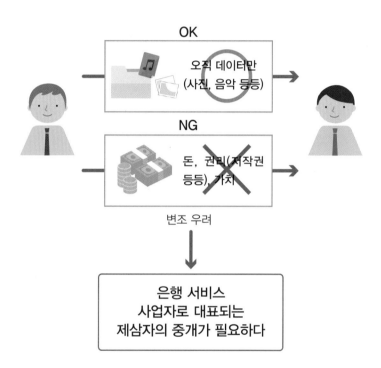

OK

오직 데이터만
(사진, 음악 등등)

NG

돈, 권리(저작권
등등), 가치

변조 우려

은행 서비스
사업자로 대표되는
제삼자의 중개가 필요하다

블록체인

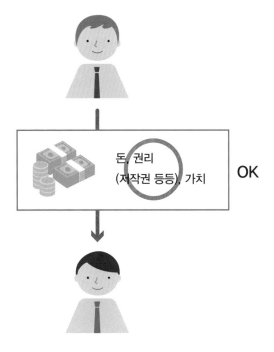

돈, 권리
(저작권 등등), 가치
OK

▲ 은행과 같은 제삼자를 거치지 않고도 블록체인을 이용해 직접 가치를 전달할 수 있게
되었다.

06

블록체인에는
관리자가 없다던데?

블록체인의 중심은 '프로그램'

블록체인을 채용하는 비트코인에는 관리자가 없다. 즉, 시스템 전체를 관리하는 사람이나 미리 준비된 중앙 서버가 없이도 문제없이 계속 움직이고 있다. 이런 구조는 기존의 많은 시스템과 다르다.

블록체인의 구조를 만들었다는 사토시 나카모토는 관리자가 존재하는 기존 화폐제도에 회의적이었다. "중앙은행은 화폐의 가치를 훼손하지 않는다고 생각하겠지만 화폐의 역사는 그 신뢰를 거듭 저버린 위반의 역사일 뿐이다"라고 말했을 정도다.
사토시 나카모토가 만든 비트코인은 블록체인에 기반을 두고
있다. 화폐 공급량의 상한이 미리 정해져 있고, 중앙은행(관리자)
의 정책에 따라 가치가 좌우되지 않는 구조로 이루어진 것이다.

블록체인을 채용하는(사용하는) 비트코인의 중심에는 사람이
아닌 일련의 규칙(프로그램, 프로토콜[5])이 있다. 블록체인은 일련의
규칙에 따라 객관적으로 움직인다. 그 규칙에는 송금 방법, 마이
너(minor, 채굴자)에게 보수가 지급되는 방식, 갈라져 나온 거래
이력을 처리하는 절차, 비트코인의 발행 상한량 등이 포함된다.

이렇게 전체 시스템의 중심에 관리자가 아닌 규칙을 두는 조
직체를 "DAO"라고 부른다. DAO는 Decentralized Auton-
omous Organization의 약자로 "분산형 자율 조직"이라는 뜻
이고 비트코인 역시 DAO의 일종이다. 그밖에도 블록체인을 이
용하여 관리자가 없는 조직을 만들려는 움직임이 활발해지고 있
다.

---

5 프로토콜(protocol): 데이터를 원활히 주고받기 위해 미리 약속한 규칙(신호 송신 순
   서, 데이터 표현법, 오류 검출법 등)을 말하며, 통신 규약이라고도 한다.

규칙이 총괄한다! 블록체인의 구조

기존 시스템

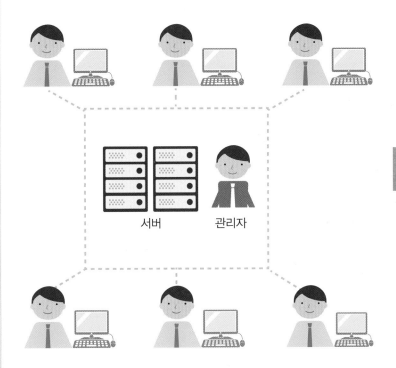

서버 관리자

블록체인

"이러면 이렇게 한다"
일정한 규칙
(프로토콜)

※관리자가 존재하는 블록체인(프라이빗 블록체인. 050 참조)도 있다.

▲ 기존의 중앙집권형 관리 시스템과 달리 블록체인은 관리자가 아닌 일정한 규칙(프로토콜)에 따르는 분산형 자율 시스템을 채용하고 있다.

07

종이화폐와 가상화폐, 무슨 차이지?

주된 차이는 '발행 주체'와 '발행 상한'

우리가 평소 사용하는 종이화폐와 가상화폐의 차이는 무엇일까? 두드러지는 차이점은 두 가지다.

먼저 발행 주체의 유무가 다르다. 일반 종이화폐에는 '발행 주체'가 존재한다. 가령 일본인이 평소 사용하는 만 엔짜리 지폐에는 "일본은행권"이라는 글씨가 적혀 있다. 화폐의 발행 주체가 일본은행이라는 뜻이다. 이와 같이 발행 주체가 존재하고, 금전 채무의 변제 수단으로서 법적 효력을 지닌 종이화폐를 법정화폐

(법정통화)라고 부른다.

일본에서 만든 화폐라면 일본은행이, 다른 나라의 화폐라면 해당 국가의 중앙은행이 발행 주체가 되며 자연히 국가신용을 바탕으로 화폐의 가치가 유지된다. 반면 비트코인은 **발행 주체가 없기 때문에** 기본적으로 '특정 주체의 관리'가 필요 없이 지금까지 계속 작동하고 있다.

두 번째로는 발행 상한의 차이를 들 수 있다. 법정화폐에는 발행 상한이 없기 때문에 지폐를 대량 발행하는 일이 이론상 가능하다. 화폐는 많이 발행될수록 상대적으로 가치가 떨어져서 인플레이션[6]을 유발할 수 있다. 실제로 짐바브웨 공화국에서는 2000년부터 7년 동안 화폐 공급량이 약 130만 배로 폭증하면서 심각한 인플레이션이 벌어졌다. 이와 달리 비트코인은 **발행 상한 (약 2,100만BTC)이 미리 정해진 화폐**여서 중앙은행 같은 발행 주체의 정책에 휘둘리지 않는 금융 생태계를 만들 수 있다. 단, 법정화폐와의 교환가격이 크게 오르내리는 경우가 잦으므로 그 점에는 주의가 필요하다.

---

6 인플레이션(inflation): 화폐량이 증가하여 화폐가치가 하락하고, 모든 상품의 물가가 전반적으로 꾸준히 상승하는 경제 현상.

법정화폐와 가상화폐의 차이점

법정화폐(기존의 화폐)

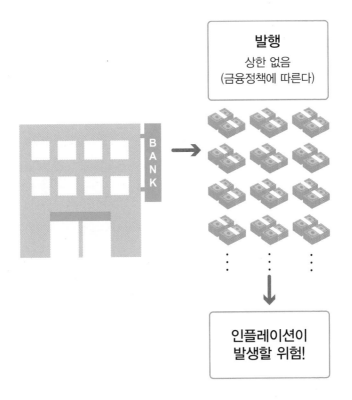

발행
상한 없음
(금융정책에 따른다)

인플레이션이
발생할 위험!

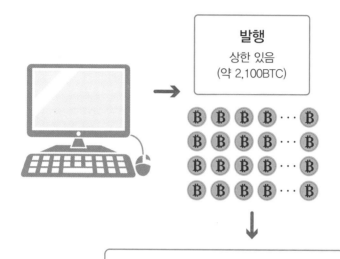

가상화폐(비트코인 등등)

발행
상한 있음
(약 2,100BTC)

B B B B ⋯ B
B B B B ⋯ B
B B B B ⋯ B
B B B B ⋯ B

각국 정부·중앙은행에 의해
인플레이션이 발생하기 어려운 구조

※단, 가치 변동이 크다는 점에 주의

▲ 기존의 법정화폐는 중앙은행이라는 발행 주체가 있지만 발행 상한은 없다. 반면 가상
화폐(비트코인)는 발행 주체가 없고 발행 상한이 있다.

08

전자화폐와 가상화폐, 무슨 차이지?

전자화폐는 형태만 바뀐 법정화폐일 뿐

전자화폐와 가상화폐는 둘 다 형태가 보이지 않는 화폐이다. 당장 현금이 없더라도 스마트폰이나 전용 카드에 전자기록이 있으면 편의점 등 결제가 가능한 곳에서는 편리하게 이용할 수 있다. 그럼 가상화폐와 전자화폐는 어떻게 다를까?

일단 전자화폐에는 법정화폐와 마찬가지로 발행 주체가 존재한다. 이를테면 스이카[7], 나나코[8], 라쿠텐에디[9]와 같은 전자화폐의 발행 주체는 각각 JR히가시니혼, 세븐카드서비스, 라쿠텐이다. 한마디로 전자화폐는 어디까지나 **법정화폐의 대체물**이다. 1,000엔이든 100달러든 얼마큼의 돈을 충전하여 스마트폰 같은 매체에 데이터로 기록해 사용한다. 즉, 각각의 발행 주체가 기존의 돈(법정화폐)을 더 사용하기 쉽게 변형한 것에 불과하다. 하지만 비트코인으로 대표되는 가상화폐에는 이러한 발행 주체가 없다. 가상화폐는 법정화폐의 대체물이 아닌 가상화폐 그 자체로서 존재한다. 더군다나 스이카, 나나코, 라쿠텐에디 등의 전자화폐는 대부분 가게 결제용으로 제작되어서 **개인 간 금전 거래가 불가능**하다.

그에 비해 가상화폐는 단순 결제뿐만 아니라 개인끼리 돈을 주고받는 일이 가능하다. 금융기관을 거치지 않아도 애플리케이션을 통해 본인의 월렛(wallet: 가상화폐 지갑)에서 상대방 월렛으로 직접 송금할 수 있다. 가상화폐 송금은 365일 24시간 가능하며 길어야 수십 분이면 완료된다. 시스템 점검 시간도 없다. 이렇듯 전자화폐와 가상화폐는 형태가 눈에 보이지 않는다는 점은 동일하지만 알맹이가 전혀 다르다.

---

7 스이카(Suica): JR히가시니혼(JR東日本, 동일본여객철도)에서 발행하는 교통카드로 승차권 겸 전자화폐로 이용할 수 있다.
8 나나코(nanaco): 일본의 세븐카드서비스(Seven Card Service) 주식회사가 발행하는 전자화폐.
9 라쿠텐에디(楽天Edy): 일본의 라쿠텐(楽天) 주식회사가 발행하는 전자화폐로 일본 전국의 라쿠텐 가맹점(편의점, 슈퍼마켓, 음식점 등등)에서 사용이 가능하다.

전자화폐와 가상화폐의 차이점

전자화폐

발행 주체는 JR히가시니혼, 세븐카드서비스,
라쿠텐 등등의 각 사업자

● 가게에서 계산

현금 대신
결제할 수 있다[※]

※예외로 라쿠텐캐시[10]처럼 송금이 가능한 전자화폐도 있음.

---

10 라쿠텐캐시(楽天cash): 라쿠텐 주식회사가 제공하는 전자화폐로 라쿠텐 직영 온라인 쇼
   핑몰에서만 사용이 가능하다. 현금화할 수 있고, 전자우편을 통해 타인에게 보낼 수 있다.

가상화폐(비트코인 등등)

발행 주체 없음
(일련의 규칙)

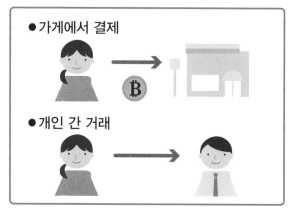

● 가게에서 결제

● 개인 간 거래

▲ 전자화폐는 저마다 발행 주체(운영하는 기업)가 있지만 가상화폐는 없다. 전자화폐의 용도는 기본적으로 결제에 한정되지만 가상화폐는 결제 외에도 거래(송금)가 가능하다.

09

비트코인이
널리 퍼진 이유는?

중국 국민의 '대량 구매'가 시장을 확대했다

신용은커녕 아무런 보증도 없는 비트코인이 처음부터 값이 있었을 리는 없다. 2009년 1월에 비트코인 네트워크가 가동되자 일부 사람들 사이에서 비트코인이 알려졌고, 피자라든가 자동차 대금을 결제하는 데 사용되기 시작했다. 그 후 마이크로소프트, 델, 익스피디아 등등 여러 기업이 비트코인 결제를 도입하면서 비트코인의 신용도가 조금씩 높아졌다. 도중에 중국과 미국의 비트코인 규제 움직임으로 인해 폭락을 겪는 일도 있었지만 2017

년 5월에는 비트코인의 시가총액 규모가 약 170억 달러까지 확대되었다.

비트코인의 가치가 이렇게까지 오르고 지지를 얻은 이유로는 중국의 존재를 들 수 있다. 중국에서 비트코인 매매가 대성황을 이루었기 때문이다. 특히 부유층을 중심으로 비트코인 대량 구매가 성행했는데, 그들의 목적은 '자본 유출'이다. 중국은 국가 외환관리국 규정으로 국민의 외화 구매에 1인당 연간 5만 달러(달러가 아닌 외화는 5만 달러에 상당하는 금액)라는 한도를 정해 두었다. 그렇다 보니 화폐가치가 떨어지고 있는 중국 위안으로 자산을 보유하는 데 불안을 느낀 중국 부유층이 자산 도피처로서 비트코인에 주목한 것이다.

하지만 지금은 그 흐름도 바뀌었다. 과거에는 중국 비트코인 거래소가 세계 비트코인 거래량의 대부분을 차지했지만, 자본 유출을 우려한 중국 당국이 2017년 2월부터 대형 비트코인 거래소에 대한 감시를 강화하면서 단숨에 거래량이 급감했다. 현재 중국 내 비트코인 붐은 가라앉은 추세다.

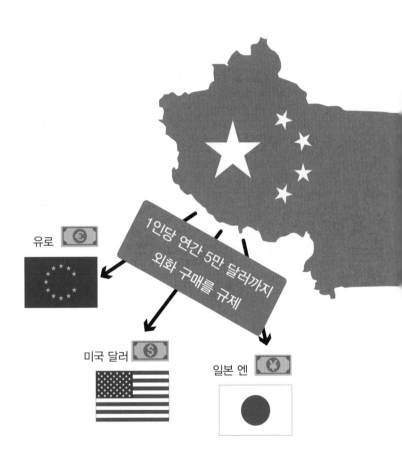

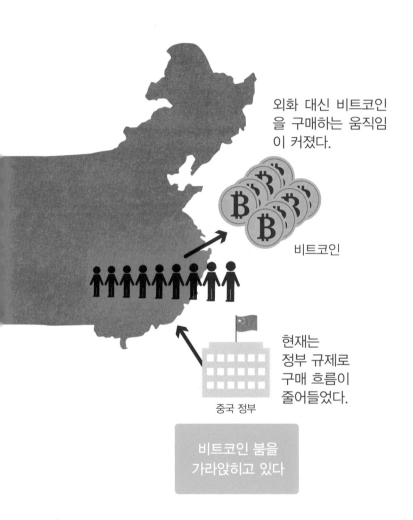

외화 대신 비트코인을 구매하는 움직임이 커졌다.

비트코인

현재는 정부 규제로 구매 흐름이 줄어들었다.

중국 정부

비트코인 붐을 가라앉히고 있다

▲ 중국은 국가외환관리국에서 외화 구매를 제한하기 때문에 부유층에게는 비트코인 매매가 매력적인 자본 도피처였다.

10

비트코인의 가장 큰 이점은?

저비용 · 실시간 · 직통으로
해외에서도 송금이 가능

비트코인의 가장 큰 이점은 뭐니 뭐니 해도 해외 송금에 있다. 일반 은행에서 해외 송금을 이용하면 높은 수수료(일본이라면 수천 엔)가 필요하다. 심지어 송금이 완료되기까지 며칠이 걸리는 경우도 있다. 하지만 비트코인을 이용하면 고작 몇 십 엔의 낮은 수수료로 송금이 가능하고, 365일 24시간 언제든 거의 실시간으로 송금할 수 있다. 환율도 비트코인이라면 전혀 문제가 없다. 비트코인에는 국가라는 개념이 없으므로 환율과 환전 수수료가 존재하지 않기 때문이다.

　세계 제2위의 인구를 자랑하는 인도를 보자. 인도 국민 중에는 타국에 나가 살면서 모국에 있는 가족에게 돈을 부치는 사람이 많다. 일본 엔으로 치면 연간 송금액이 8조 엔[11]을 넘을 정도이고, 1회 송금액은 보통 만 엔가량이라고 한다. 은행 송금을 할 때에 수수료는 20% 가까이 드는데 이는 비효율적이다. 하지만 비트코인을 사용하면 이런 문제도 해결이 가능하다.

　비트코인은 기부를 할 때도 효과적이다. 중개자나 기부 단체를 거치지 않고, 기부를 필요로 하는 사람에게 후원자가 직접 돈을 전달할 수 있다. 가령 화재가 났을 때, 이재민이 자신의 비트코인 주소가 담긴 QR코드를 트위터나 페이스북 같은 SNS에 올리고, 그것을 본 사람이 그 주소로 비트코인을 보내주어 기부를 할 수가 있다. 이처럼 은행 같은 중개자를 경유하지 않고 저비용·실시간·직통으로 송금이 가능하다는 점이 비트코인의 가장 큰 이점이다.

---

11 8조 엔: 한화로 약 78조 3,920억 원

① 저비용

송금 수수료가 저렴하다

② 거의 실시간

365일 24시간
가능

24시간
365일

③ 직통

상대방 지갑에
직접 송금

▲ 비트코인의 이점은 해외 송금에서 두드러진다. 예컨대 일본의 은행 창구에서 해외로
송금을 하면 수수료가 수천 엔이나 발생하지만 비트코인을 이용하면 고작 십 몇 엔으
로 송금할 수 있다.

11

IT와 금융을 융합하는 핀테크

블록체인을 활용하면 금융에 드는
비용이 극적으로 줄어든다.

최근 "핀테크(FinTech)"라는 용어가 대중매체를 휩쓸고 있다. 핀테크는 금융(Finance)과 기술(Technology)을 융합한 용어로 IT(정보기술)를 활용하여 이제껏 실현하지 못한 새로운 금융 서비스를 창출하려는 흐름을 의미한다. 블록체인은 핀테크의 열쇠다. 블록체인에 의해 핀테크가 눈부시게 발전하리라는 전망도 나돌고 있다.

블록체인이 금융업계에 가져올 구체적 변화로는 크게 두 가지를 든다. 첫째는 금융 업무에 투입되는 비용의 삭감이고, 둘째는 완전히 새로운 금융 서비스의 개발이다. 미국 컨설팅 회사인 올리버와이만은 "블록체인의 분산장부 기술을 활용하면, 금융기관의 업무 비용을 2020년까지 150억 달러 이상 삭감할 수 있다"라고 추산했다. 그 가까운 사례가 블록체인의 선구자나 다름없는 비트코인을 활용한 결제이다.

신용카드 결제를 사용하는 소매점에서는 신용카드 회사에 약 2~8%의 수수료를 지불해야 한다. 하지만 소매점이 비트코인 결제를 도입한다면 결제 수수료는 확 줄어든다.

판매액 입금 면에서도 큰 이점이 있다. 신용카드 결제는 판매액이 소매점에 입금되기까지 한 달여가 걸리지만, 비트코인 결제는 빠르면 당일 중으로 입금되어 자금 회전이 신속해진다. 게다가 이런 사례는 빙산의 일각과도 같다. 블록체인을 사용하면 머지않아 금융 업무에 드는 비용이 극적으로 삭감되는 날이 올지도 모른다.

핀테크란 금융과 기술의 융합

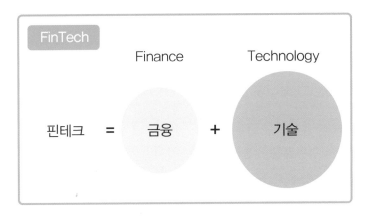

FinTech

Finance   Technology

핀테크 = 금융 + 기술

블록체인으로 가속화

▲ 핀테크는 블록체인을 이용함으로써 큰 폭의 비용 삭감과 새로운 서비스가 실현되어 한 층 더 빠른 전개를 보일 것이다.

12

블록체인이
핀테크를 혁신한다

블록체인이 증권업계에 혁신을 일으킨다?!

블록체인을 사용한 핀테크에 특히 뜨거운 시선을 보내는 곳은 증권업계다. 주식 및 채권 거래에 블록체인을 도입하면 갖가지의 새로운 시도가 실현될 가능성이 있다.

구체적으로는 주식과 채권을 블록체인상의 코인(토큰) 형태로 배포한 뒤 스마트콘트랙트(Smart Contract, 016 참조)라는 형식의 컴퓨터 프로그램과 연결하면, 주식배당이 자동화되어 주식이 투자자의 월렛에 자동으로 들어가게 된다. 주식분할이나 기업공개(IPO) 같은 절차도 자동으로 돌릴 수 있다. 그러면 투자자는 더 편리해지고, 증권회사는 관련 비용을 대폭 삭감하게 되어 서로 이득이다.

더구나 이 기술들은 이미 실용화되고 있다. 2015년 10월, 미국의 증권거래소 나스닥은 블록체인 기술을 기반으로 한 비공개 주식거래 시스템인 "나스닥링크(Nasdaq Linq)"의 운용을 개시했다. 주식 거래를 할 때에 블록체인을 이용하여 관리를 강화하는 것은 물론이고 권리의 이전이나 거래에서 발생하는 오류 및 불법 행위의 위험을 줄여 더욱 안전하고 확실한 주식 거래가 가능해졌다.

선물거래[12]나 옵션거래[13] 같은 복잡한 파생상품거래[14]에 스마트콘트랙트를 응용하는 방안도 검토 중이다. 스마트콘트랙트를 응용하면 파생상품거래 특유의 복잡한 업무(고객의 증거금 관리 등등)가 보다 원활해져서 관련 비용이 줄어들 것으로 기대된다.

---

12 선물거래: 미래의 특정 기일에 현품을 넘겨준다는 조건으로 매매 약정을 맺는 거래.
13 옵션거래: 특정 기간에 특정 상품을 특정 가격으로 사거나 팔 수 있는 권리 자체를 매매하는 거래.
14 파생상품거래: 파생상품(기초 자산의 가치 변동에 따라 가격이 결정되는 금융상품)을 대상으로 하는 거래.

블록체인은 증권업계에 혁신을 가져온다

블록체인으로 증권업계가 달라진다

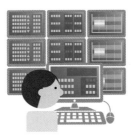

주식배당
자동화

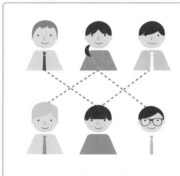
더 안전한
거래

결제 시간
단축

▲ 블록체인으로 증권 및 채권 거래가 더욱 편리하고 저렴해진다. 미국의 증권거래소 나스닥은 주식 관리를 강화하기 위해 2015년 10월, 비공개주식거래 시스템인 '나스닥링크'의 기반 기술에 블록체인을 도입했다.

13

은행이 없어진다고?
블록체인이 불러올 제도의 혁신

은행에게 블록체인이란 위협이자 구세주

2017년 현재 세계 인구는 약 73억 명이며, 전체 인구의 3분의 1에 달하는 약 24억 명이 은행 계좌가 없는 사람이라고 한다. 지금까지 그들은 은행을 이용해 송금을 하거나 저금을 하는 등의 행동을 할 수 없었지만 이제는 비트코인이 그들의 구세주가 될지도 모른다. 은행 계좌가 없어도 돈이라는 가치를 직접 송금하고, 월렛(지갑)에 저금할 수 있기 때문이다. 그렇다 보니 "결국 은행은 사라지지 않을까?"라는 이야기도 들린다.

당사자인 은행 또한 블록체인에 사활을 걸고 있다. 일본 미즈호은행은 2016년 3월, IT기업인 후지쓰, 그 자회사인 후지쓰연구소와 함께 **크로스보더 거래**(cross-border trade: 국경을 초월한 증권 직거래)에 블록체인을 적용하여 결제 시간을 단축하는 실험을 실시했다고 발표했다.

블록체인 개발은 해외에서도 진행 중이다. 미국의 핀테크 벤처기업 알스리(R3)가 이끄는 컨소시엄(연합체)인 R3CEV에는 일본의 초대형 은행 세 곳[15] 외에도 노무라증권, SBI홀딩스, 도요타파이낸셜서비스(TFS) 등등이 참가하고 있다. R3CEV는 금융기관에 특화된 블록체인을 개발한다.

블록체인은 기존 금융체제를 부정하며 탄생했지만 현재는 은행이 그 기술에 주목하여 연구 및 개발에 열을 올리게 되었다.

---

15 미쓰비시UFJ파이낸셜그룹(MUFG), 미쓰이스미토모은행, 미즈호은행.

블록체인이 보급되면 은행은 어떻게 될까?

은행은 필요 없다?

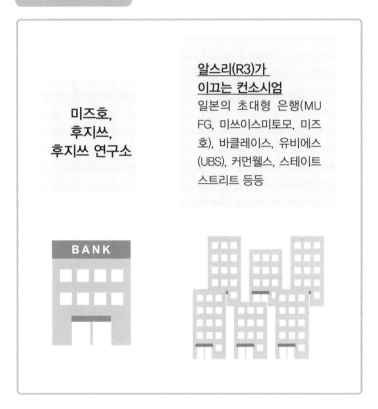

미즈호,
후지쓰,
후지쓰 연구소

**알스리(R3)가
이끄는 컨소시엄**
일본의 초대형 은행(MU
FG, 미쓰이스미토모, 미즈
호), 바클레이스, 유비에스
(UBS), 커먼웰스, 스테이트
스트리트 등등

BANK

▲ 현재는 비트코인을 이용하면 낮은 수수료로 해외 송금이 가능하다. 그렇다면 수수료가
높은 은행을 이용하는 고객은 점점 줄어들지 않을까? 은행은 스스로의 존재 가치를 찾
을 수 있을지가 관건인 만큼 블록체인 연구와 개발에 몰두하고 있다.

14

금융 이외의 분야에도 블록체인이 쓰인다던데?

금융뿐만이 아니다! 다이아몬드부터 IoT까지 확산

　　금융업계의 주목을 한 몸에 받는 블록체인이지만 사실 블록체인을 주목하는 업계는 금융뿐만이 아니다. 예를 들면 영국의 에버레저(Everledger)는 다이아몬드 생산과 유통 전과정에 대한 정보를 관리하는 스타트업이다. 이곳은 블록체인을 **다이아몬드 암거래를 해결하는 대책**으로 응용하고 있다. 하이퍼레저 프로젝트(064 참조)에서 개발한 블록체인을 활용하여 다이아몬드가 광산에서 소비자까지 유통되는 과정을 추적하고, 인증서와 거래 이력을 기록하는 것인데 이것은 추적 가능성을 높여서 소비자가 안심하고 다이아몬드를 구매할 수 있도록 도와준다. 또한 에버 레저는 이 시스템의 적용 대상을 와인으로까지 확장했다.

라주즈(La'Zooz)라는 프로젝트도 있다. 라주즈의 목표는 블록체인으로 우버(Uber, 차량 공유 플랫폼)와 같은 **공유 서비스**를 구축하는 것이다. 이 서비스가 실현되려면 아직 멀었다는 목소리도 들리지만 만약 이것이 실현된다면 중앙에 관리자가 없는 아주 새로운 형태의 공유경제가 탄생하는 것이다.

블록체인을 IoT 분야에 응용하려는 시도도 존재한다. IoT(Internet of Things)란 우리가 사용하는 갖가지 사물을 통해 인터넷에 접속하는 네트워크 방식이다. 보통 "사물인터넷"이라고 불리며, 앞서 언급한 두 가지 사례도 여기에 포함된다. 사물 인터넷 운용에 블록체인을 도입하면 어떤 일이 가능해질까? 이를테면 냉장고가 자동으로 내용물을 인식하고, 늘 구비하는 식료품이 떨어지면 알아서 슈퍼마켓에 주문을 넣어 결제하는 일이 가능해질 수 있다.

이렇게나 있다! 블록체인의 응용 분야

다이아몬드 추적(에버레저)

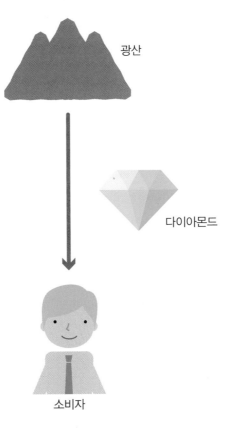

광산

다이아몬드

소비자

고가의 다이아몬드를 안심하고 구매할 수 있다.

공유사업(라주즈)

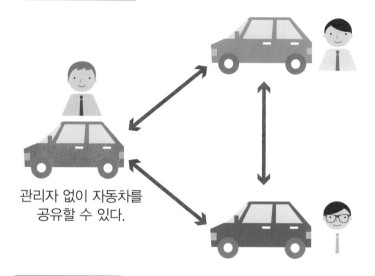

관리자 없이 자동차를
공유할 수 있다.

사물인터넷(IoT)

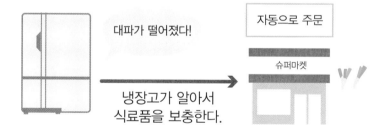

대파가 떨어졌다!

자동으로 주문

슈퍼마켓

냉장고가 알아서
식료품을 보충한다.

▲ 다이아몬드 암거래를 근절하는 에버레저, 관리자 없이 자동차를 공유하는 라주즈 등등
다양한 분야에서 블록체인을 응용하려는 연구가 한창이다.

15

블록체인 보급이
사회구조를 바꾼다?

블록체인은 국가와 조직을 뒤집을지도 모른다

비트코인은 중앙은행을 부정하는 구조에서 탄생했다. 일본에 있으면 실감하기 어렵겠지만 세계에는 부실한 자국 화폐를 가진 국가가 많다. 예컨대 짐바브웨에서는 100조 짐바브웨 달러가 발행될 만큼 극심한 하이퍼인플레이션[16]을 겪었다. 아르헨티나는 채무불이행[17]을 반복하고 있으며, 중국 위안화도 중국 경제의 신뢰도 하락으로 인해 자본 유출이 심각하다.

비트코인은 '화폐의 신용=국가의 신용'이라는 상식 바깥에 존재한다. 장차 블록체인을 채택한 새로운 구조의 화폐인 비트코인이 대두하면 기존 화폐의 형태(개념, 구조) 자체를 뒤집어엎을 가능성이 있다.

블록체인은 조직의 형태까지 바꿔버릴지도 모른다. 앞에서도 몇 번 언급했지만, 블록체인을 응용한 중요 기술로 '스마트콘트랙트'가 있다. 스마트콘트랙트란 전자적으로 표현된 자산을 미리 정한 조건에 따라 자동으로 이전하는 기술이다. 예를 들자면 가상화폐를 수령할 때 "어떤 동의가 있으면 집행한다"라는 조건을 붙여서 그 조건이 만족되면 집행하는 프로그램을 자동으로 작성하는 것이다. 물론 예시보다 훨씬 복잡한 조건도 붙일 수 있다. 결국 굳이 인간이 끼어들지 않아도 프로그램에 의지하여 다양한 계약을 자동으로 집행하는 일이 가능하다.

이러한 자동화를 '가치 이전'에 머무르지 않고 조직이나 회사 운영에 응용하자는 움직임도 있다[18]. 미래에는 인간이 조직을 관리하는 게 아니라 프로그램(규칙, 프로토콜)의 대리자로서 일하는 시대가 올지도 모른다.

---

16 하이퍼인플레이션(hyperinflation): 단기간에 발생하는 심각한 물가상승 현상. 보통 전쟁이나 큰 재해 이후 생산이 수요를 따라가지 못해 발생한다.
17 채무불이행(default): 채무자가 정당한 이유 없이 채무 내용을 이행하지 않는 일.
18 비트코인 블록체인은 경제적 가치를 이전하는 기술이고, 스마트콘트랙트는 블록체인을 써서 다양한 가치 이전에 조건을 붙일 수 있는 기술이다.

세계가 일변! 블록체인의 가능성

국가의 형태

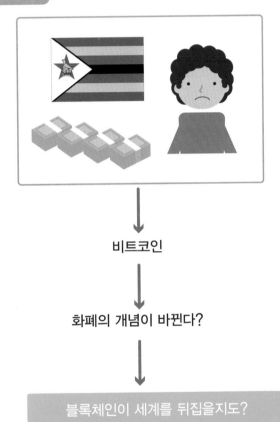

비트코인

화폐의 개념이 바뀐다?

블록체인이 세계를 뒤집을지도?

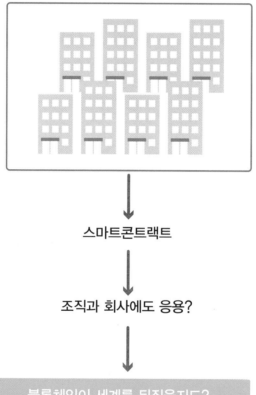

사회의 형태

스마트콘트랙트

조직과 회사에도 응용?

블록체인이 세계를 뒤집을지도?

▲ 블록체인에 기초하는 화폐가 보급되면 화폐의 형태 자체가 달라질 가능성이 있다. 화폐뿐만 아니라 조직의 형태까지 달라질 수도 있다.

16

블록체인에서 불법행위와 변조가 불가능한 이유는?

변조가 불가능한 세 가지 이유

　'왜 관리자가 없는데도 불법행위와 변조가 불가능한가?'라고 의아하게 여길 수도 있다. 여기에는 세 가지 이유가 있다.

　첫째, 블록체인에는 중앙 서버가 없다. 다수의 참가자가 데이터를 공유하기 때문에 중앙 서버에 들어가 데이터를 변조하는 행위 자체가 불가능하다. 설령 해킹으로 네트워크 일부에 침입하여 데이터를 파손했다 치더라도 다른 장소에 공유된 데이터로 복원할 수 있다.

둘째, 블록이 체인(사슬) 구조로 연결되어 있다. 블록체인의 블록은 특정 함수로 계산된 해시값에 기초하므로 블록 속 데이터를 바꾸면 해시값도 바뀌고 만다. 요컨대 블록을 생성하는 데 사용되는 계산 작업의 증거(Proof of Work, 018 참조)가 연결된 앞 블록에 남아 있는 구조인지라 동일한 계산을 선행하지 않고서는 데이터를 변조하지 못한다.

셋째, 중간에 데이터를 변조하여 블록체인이 갈라지더라도 "가장 긴 체인이 옳다"라는 규칙이 있어서 그것을 뺀 나머지 체인은 자동으로 파기된다.

이처럼 관리자가 없는데도 불법행위 및 변조가 불가능한 구조를 완성했다는 점이 블록체인의 특징이다.

정말로 안전한가? 블록체인에서 데이터 변조가 불가능한 이유

① 변조할 '중앙 서버'가 없다.

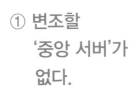

② 과거 데이터가 전부 체인 형태로 연결되어 있다.

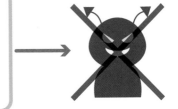

③ "가장 긴 체인이 옳다"라는 규칙이 존재한다.

NO!!

▲ 블록체인의 대표 격인 비트코인에는 데이터 변조를 차단하는 장치가 마련되어 있어서 관리자가 없어도 안전하게 운용된다.

경제산업성이 발표한
"블록체인 시장 규모 67조 엔 예측"의 충격

2016년, 일본 경제산업성이 『블록체인 기술을 이용하는 서비스에 관한 국내외 동향 조사 보고서』를 발표했다.

경제산업성은 블록체인의 응용 가능성이 폭넓은 만큼 비용 삭감도 대폭 가능할 것으로 예측했다. 또한 블록체인은 비단 금융뿐만 아니라 유통, 관리, 토지등기 등의 분야에서도 활용이 기대되므로 일본 내 잠재적 시장 규모는 67조 엔에 달한다고 예측한 것이다. 특히 증권거래, 포인트(적립금) 서비스, 송금 분야는 이미 큰 영향을 받고 있다. 현재 증권거래 분야의 블록체인 시장 규모는 745조 엔(매매대금), 포인트 서비스 시장은 8,500억 엔 이상, 송금은 4,216억 엔에 달한다.

인터넷이 생긴 이래 가장 큰 혁명이라고도 불리는 비트코인과 그 근간을 이루는 블록체인의 약진은 이제부터 시작이다.

블록체인 기술의 전개가 유망한 사례 및 해당 시장의 규모

• 폭넓은 분야에 영향을 미칠 가능성이 있다

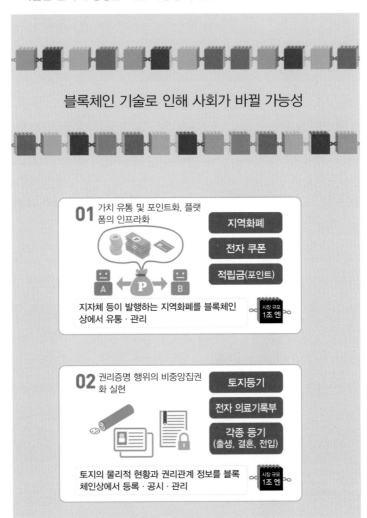

블록체인 기술로 인해 사회가 바뀔 가능성

01 가치 유통 및 포인트화, 플랫폼의 인프라화

지역화폐

전자 쿠폰

적립금(포인트)

지자체 등이 발행하는 지역화폐를 블록체인 상에서 유통·관리

시장 규모 1조 엔

02 권리증명 행위의 비중앙집권화 실현

토지등기

전자 의료기록부

각종 등기 (출생, 결혼, 전입)

토지의 물리적 현황과 권리관계 정보를 블록체인상에서 등록·공시·관리

시장 규모 1조 엔

03 유휴자산 제로 · 고효율
공유 실현

디지털 콘텐츠

티켓 서비스

소비자간
(C2C) 경매

자산 등의 이용권 이전 정보, 제공자/이용자
의 평가 정보를 블록체인상에서 기록

시장 규모
13조 엔

04 공개 · 고효율 · 고신용의
공급사슬 실현

소매(小賣)

귀금속 관리

미술품 등의
진위 인증

제품 원재료부터 제조과정과 유통 · 판매까지
블록체인상에서 추적

시장 규모
15조 엔

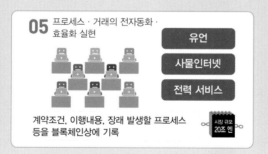

05 프로세스 · 거래의 전자동화 ·
효율화 실현

유언

사물인터넷

전력 서비스

계약조건, 이행내용, 장래 발생할 프로세스
등을 블록체인상에 기록

시장 규모
20조 엔

▲ 일본 경제산업성 『블록체인 기술을 이용하는 서비스에 관한 국내외 동향 조사 보고서』
(개요) (http://www.meti.go.jp/press/2016/04/20160428003/20160428003.pdf)

2장

비트코인 원리

아, 그렇구나!

17

새 비트코인이 발행되는 원리

새로 발행된 비트코인은 마이너(채굴자)에게 지급된다

비트코인은 관리자가 없고, 미리 정해진 규칙에 따라 작동한다. 화폐의 발행 상한도 이미 정해져 있어서 누군가의 손에 공급량이 조절되지 못하는 구조다. 그럼 새 비트코인은 도대체 어떤 원리로 발행될까?

새 비트코인은 마이너(minor)라고 불리는 사람에 의해 발행된다. 마이너, 즉 채굴자는 비트코인 네트워크에서 블록체인 유지에 참여하는 사람들을 가리킨다. 자격 조건은 딱히 없으므로 누구나 채굴자가 될 수 있다.

비트코인 거래는 과거부터 현재까지 모두 기록되고 또 공개된다. 채굴자는 그 거래가 적정한지 아닌지를 판단하여 네트워크에 승인하는 작업을 한 대가로 비트코인을 받는다. 요컨대 '돈이라는 보상을 받을 수 있기에' 많은 사람이 비트코인 네트워크에 공헌하고, 이로써 비트코인 시스템이 유지된다.

채굴자에게 보수로 지급되는 새 비트코인은 약 4년마다 절반으로 줄어든다는 규칙이 정해져 있다. 블록 21만 개 분량이다.

비트코인이 처음 등장했을 때는 1블록당 50BTC가 새로 발행되었지만 지금은 12.5BTC만 발행된다. 최종적으로는 2140년쯤 발행 상한에 도달하여 신규 발행이 중단될 예정이다. 그 이후로는 각 거래를 승인한 데 대한 수수료만 지급된다.

비트코인의 공급량은 이미 정해져 있다

비트코인 네트워크
유지에 공헌

비트코인의
블록체인

비트코인
(약 10분간 1회, 1인)

마이너(채굴자)

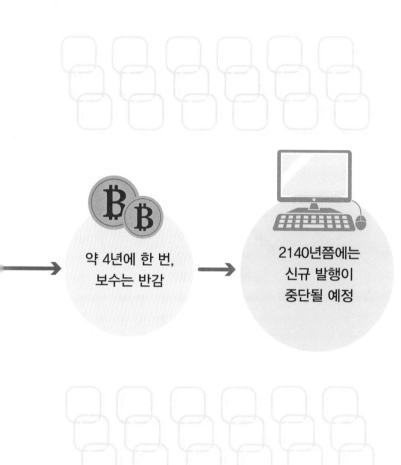

약 4년에 한 번,
보수는 반감

2140년쯤에는
신규 발행이
중단될 예정

▲ 비트코인 네트워크를 유지하는 데 공헌한 마이너(채굴자)에게 새 코인을 지급하여 시스템을 유지하는 구조.

18

채굴 과정에서
실시되는 작업

채굴이란 컴퓨터로 실시하는 계산 경쟁

　마이닝(mining), 즉 채굴은 새로 발행되는 비트코인을 채굴자에게 지급함으로써 끊임없이 이어지는 비트코인 거래가 적정한지 아닌지를 판단하고 승인하는 작업이다. 이 작업을 하지 않으면 전 세계에서 이루어지는 거래가 삐죽삐죽 갈라져 나와 '무엇이 올바른 거래인지' 알 수 없게 된다.

　기존 시스템에서는 거래가 이루어지는 시스템에 불법행위나 오류가 있는지 확인하기 위해 관리자를 두는 것이 일반적이다.

하지만 비트코인은 관리자가 없으므로 불법행위를 저지르기 어려운 구조가 필요하다. 그것이 "PoW(Proof of Work, 프루프 오브워크)"다. 비트코인 시스템에서는 오직 PoW로만 합의가 성립한다. 누군가 제멋대로 "이 거래를 승인한다"라고 우겨 봤자 허가가 떨어지지 않는다.

Proof of Work는 직역하면 "작업증명"이다. 컴퓨터에 방대한 계산(작업)을 시켜 놓고, 일종의 제비뽑기를 실시하는 상태라고 할까? 다시 말하면 '어떤 조건을 만족하는 숫자'를 빨리 찾아내는 경쟁을 붙인 뒤, 조건에 들어맞는 숫자를 먼저 발견한 컴퓨터에게 비트코인이라는 보수(2017년에는 12.5BTC와 트랜잭션[19]에 들어간 수수료 전액)를 지급한다. 이때 해당 컴퓨터에는 새로운 거래 블록이 생성되며, 그 정보가 전 세계의 네트워크에 공유된다.

---

19 트랜잭션(transaction): '거래, 매매'라는 뜻이며, 여기서는 컴퓨터로 논리적 기능을 수행하는 작업의 단위를 의미한다.

채굴의 원리

https://blockchain.info/ja/blocks[20]

---

20 한국 사이트의 주소: https://blockchain.info/ko/blocks

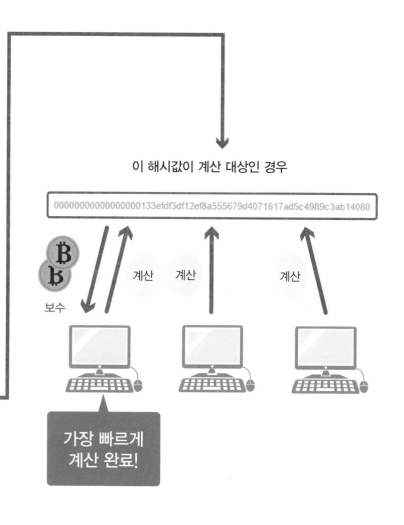

이 해시값이 계산 대상인 경우

0000000000000000000133efdf3df12ef8a555679d4071617ad5c4989c3ab14080

계산   계산   계산

보수

가장 빠르게
계산 완료!

▲ 컴퓨터에 방대하고 복잡한 계산을 요구하고, 가장 빠르게 계산한 참가자에게 코인을 지급하는 구조.

19

비트코인은 무한정으로 발행될까?

비트코인의 발행 상한은 2,100BTC까지

비트코인은 미리 정해진 규칙(프로그램)에 따라 자동으로 시스템이 운영된다. 이 규칙은 기본적으로 아무도 변경하지 못한다. 달러나 엔 같은 법정화폐는 해당 국가의 중앙은행이 화폐 공급량을 조절할 수 있지만 비트코인은 무한정 발행이 불가능한 구조다.

비트코인의 발행 상한은 2,100만 비트코인(정확히는 20,999,999.9769BTC)으로 정해져 있다. 그 이상은 신규 발행이 이루어지지 않는다. 화폐가치를 유지하여 **과도한 인플레이션**을 억제하기 위해서다. 공급량이 유한하다는 면에서 금(金)과 닮았다고도 한다.

비트코인 시스템은 거래를 승인한 컴퓨터(채굴자)에게는 보수로 새 비트코인을 발행한다. 신규 발행은 1블록마다(약 10분 간격) 실시되며, 발행량은 21만 블록마다 반감하도록 설정되어 있다. 이는 디플레이션[21]을 연출하기 위해서라고 한다. 21만 블록은 약 4년간 발행되는 양이다. 그러므로 4년에 한 번씩 신규 발행량이 절반으로 줄어드는데, 이것을 **반감기**라고 부른다.

2009년 운용을 개시했을 당시에는 1블록당 50BTC의 보수가 지급되었다. 하지만 이후 첫 반감기에는 25BTC로 줄어들었고 2016년 7월 두 번째 반감기를 맞이하여 12.5BTC로 줄어들었다. 참고로 2033년 즈음에는 총 발행량의 99%에 도달하고 2140년 쯤에는 발행이 완료될 예정이다.

---

21 디플레이션(deflation): 화폐 공급이 수축하여 전반적인 상품과 서비스의 가격이 지속적으로 하락하는 현상을 말한다. 비트코인은 시간이 지날수록 발행량이 줄어드는 화폐이므로 인플레이션이 발생하지 않고 오히려 디플레이션이 초래된다.

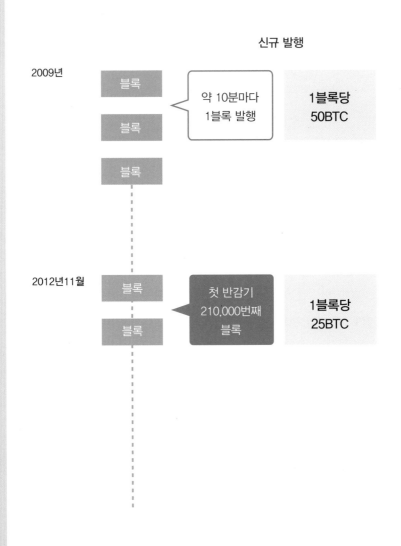

비트코인 발행 일정

신규 발행

2009년

블록

블록

약 10분마다
1블록 발행

1블록당
50BTC

블록

2012년11월

블록

블록

첫 반감기
210,000번째
블록

1블록당
25BTC

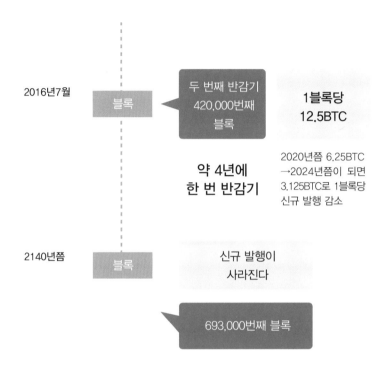

2016년7월   블록

두 번째 반감기
420,000번째
블록

1블록당
12.5BTC

약 4년에
한 번 반감기

2020년쯤 6.25BTC
→2024년쯤이 되면
3.125BTC로 1블록당
신규 발행 감소

2140년쯤   블록

신규 발행이
사라진다

693,000번째 블록

▲ 1블록마다 새로 발행되는 보수(비트코인)는 약 4년에 한 번씩 반감된다.

20

비트코인을
손에 넣으려면?

채굴은 이미 무리?
거래소에서 구매하는 방법이 일반적

비트코인이 등장한 초창기에는 '마이닝(채굴)'이 비트코인을 얻는 가장 일반적인 방법이었다. 하지만 지금은 채굴자의 규모가 개인을 넘어 조직, 회사 단위로 확대되었다. 심지어 주요 채굴자에 의한 과점이 진행되는 상황이어서 채굴회사의 상위 다섯 곳이 비트코인 시장을 절반 이상 점유하고 있다.

이들은 전기세가 싼 중국 등지에 전용 컴퓨터를 몇백 대씩 갖추어 두고 대규모로 채굴을 실시한다. 지금은 우리가 개인적으로 채굴을 하려고 해도 비트코인을 받기가 몹시 어려운 상황이다. 보통 사양의 컴퓨터로 채굴에 참가하여 비트코인을 받을 수 있는 가능성은 거의 없다.

현재로서는 **거래소를 통해 비트코인을 구매하는 방법**이 가장 손쉽고 일반적이다. 일본에도 비트코인 거래소가 다수 존재한다. **거래소에서는 언제든 법정화폐와 비트코인을 교환할 수 있다.** 일본 내 거래소에서는 0.001BTC(2017년 4월 기준으로 약 120엔) 단위로 구매가 가능[22]하며, 구매한 비트코인은 자신의 월렛(지갑)으로 옮기면 된다.

최근 일본에서는 비트코인을 무료로 나눠주는 행사가 열리기도 한다. 대형 포인트 사이트들도 이용자가 획득한 **포인트를 비트코인으로 교환해** 주는 서비스를 차례차례 시작하고 있다. 일단 소액이나마 비트코인을 가져보고 싶다면 이런 서비스를 이용하는 것도 한 방법이다.

---

22 거래소별로 차이가 있지만 국내 거래소에서는 보통 0.0001BTC부터 구매가 가능하다.

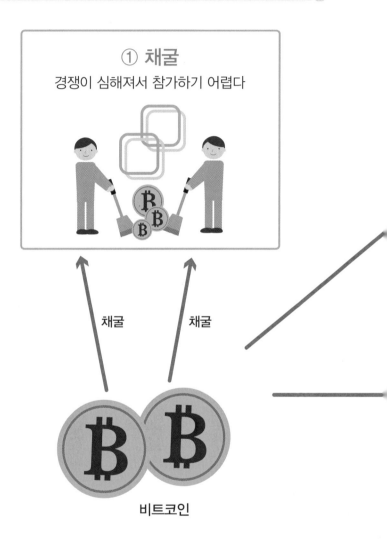

비트코인을 입수하는 방법

① 채굴
경쟁이 심해져서 참가하기 어렵다

채굴　　채굴

비트코인

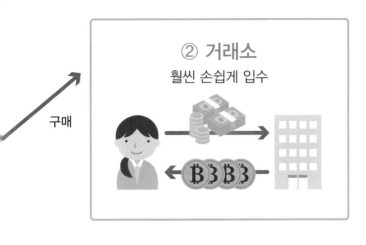

② 거래소

훨씬 손쉽게 입수

구매

③ 캠페인

무료로 얻을 수 있기도

무료
제공

▲ 일본 내 비트코인 거래소에서는 0.001BTC부터 쉽게 구매가 가능하다.

21

비트코인의 화폐단위인
BTC와 Satoshi란?

**이렇게나 다양하다!
비트코인을 호칭하는 여러 단위**

비트코인은 화폐이므로 당연히 엔이나 달러처럼 화폐단위가 있다. 비트코인의 화폐단위는 "BTC(비트코인, 비티시)"라고 부르며, "5BTC"와 같이 숫자 뒤에 붙여서 쓴다. 2017년 4월 기준으로 일본에서 1BTC는 12만 엔 전후이다[23]. 블룸버그를 비롯한 일부 금융정보 매체에서는 "XBT"라는 단위를 쓰기도 한다. 통상 화폐는 앞머리의 두 글자가 국가코드이고('US'D'JP'Y), 국가 관리에서 독립된 경우에는 선두에 "X"라고 쓰기 때문이다. 금을

XAU(AU는 금의 원소기호), 은을 XAG(AG는 은의 원소기호)라고 표기하는 것과 동일한 원리다.

1BTC의 가격이 10만 엔을 넘어서자 일상에서 사용하려면 더 작은 단위가 필요하다는 이야기가 나왔다. 그래서 "mBTC(미리비트코인)"이라는 단위도 쓰이게 되었다. 1BTC=1,000mBTC이며, 1mBTC는 일본 엔으로 약 120엔 전후(2017년 4월 기준)다. 사용하기 편리한 단위여서 앞으로 표준단위로 정착할 가능성이 있다. 나중에 비트코인이 널리 보급되면 상품 가격을 "소고기덮밥=4mBTC"라고 표기하는 가게가 생길지도 모를 일이다.

덧붙여 비트코인의 최소 단위는 비트코인을 만든 인물인 사토시 나카모토의 이름을 딴 "Satoshi(사토시)"이다. 1BTC=100,000,000Satoshi인데, 일상 송금에서는 잘 사용되지는 않는 단위이다. 그밖에도 "µBTC(마이크로비트코인)"이라는 단위가 있다. 이것은 1BTC=1,000,000µBTC로 계산된다.

---

23 2017년 4월, 국내에서 1BTC는 150만 원 전후였으나 이후 가격은 등락을 반복하며 올라서 2017년 12월에 2,500만 원을 돌파했다. 하지만 2018년 1월에는 정부 규제와 각국의 정책 여부에 영향을 받아 1,100만 원까지 급락하기도 했다.

비트코인의 단위

1비트코인(1BTC)
=
약 12만 엔※

1미리비트코인(1mBTC)
=
0.001BTC(약 120엔)※

1마이크로비트코인(1μBTC)
=
0.00 0001BTC(약 0.12엔)[※]

1사토시(1Satoshi)
=
0.0000000 1BTC(약 0.0012엔)[※]

※2017년 4월 일본 환율

▲ 향후 비트코인 보급에 따라 또 다른 단위가 생길지도 모른다.

과거의 비트코인 가격 동향

비트코인은 상승과 하락의 역사! 원인은?

비트코인 가격은 대개 수요와 공급으로 결정된다. 수요가 증가하면 가치가 상승하고, 수요가 감소하면 가치도 하락한다. 비트코인이 등장한 2009년, 한동안 비트코인은 시장가치가 없어서 가상화폐(암호화폐)에 관심이 있는 일부 사람들끼리만 거래를 했다. 비트코인에 처음 가격이 붙은 시기는 2010년 8월 17일로 당시 1BTC는 0.0769달러(약 6엔)[24]였다.

그 후 비트코인의 가치가 계속 상승하면서 가격도 상승하기

시작했다. 2011년에는 0.3달러(약 24엔), 2012년에는 5.2달러
(약 400엔), 2013년에 13달러(약 1,126엔)로 급격한 상승세를 보이
더니 2013년 말에는 1,100달러(약 11만 2,000엔)를 넘어섰다.

이 현상은 해외의 자본 유출 가속화가 원인으로 추정된다. 특
히 자국 화폐인 위안에서 벗어나려는 중국 국민이 시장에 눈을
돌리다가 비트코인에 시선이 쏠렸기 때문이라고 분석하는 전문
가가 많다.

2015년에는 크게 하락하는 국면도 맞이했으나 점차 상승세
를 회복하여 핀테크 붐을 타고 다시 1,000달러를 넘어서는 전개
를 보였다.

현재는 중국은 물론 일본에서도 비트코인 거래소가 증가하여
비트코인 거래를 더 쉽게 할 수 있는 환경이 조성되었다. 비트코
인 가격이 앞으로 더욱 상승할 것이라고 주장하는 분석가도 있
다. 일본에서도 법 규제가 정비되고, 일반인들도 비트코인을 친
숙하게 받아들인다면 가격이 더 상승할 가능성이 있다.

---

24 한화로 약 81원 정도.

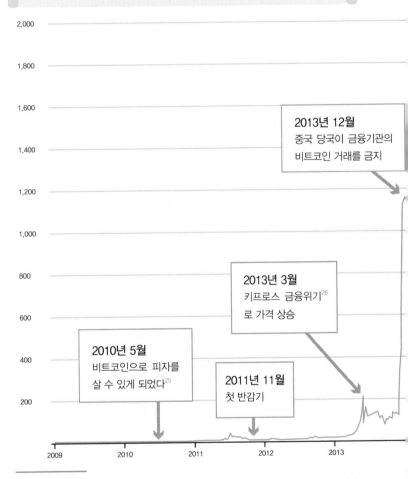

과거 비트코인 차트의 주요 사건

2013년 12월
중국 당국이 금융기관의
비트코인 거래를 금지

2013년 3월
키프로스 금융위기[26]
로 가격 상승

2010년 5월
비트코인으로 피자를
살 수 있게 되었다[25]

2011년 11월
첫 반감기

25 2010년 5월, 미국의 라스즐로 핸예츠라는 프로그래머가 1만 비트코인으로 피자 2판을
    사 먹었다. 이것이 공식적인 비트코인 첫 거래다.
26 키프로스 금융위기(Cyprus financial crisis): 2013년 3월, 키프로스 정부가 국제통화기
    금(IMF) 등으로부터 100억 유로의 구제금융을 받는 조건으로 모든 예금액에 최대 9.9%
    의 세금을 부과하기로 합의하면서 촉발된 금융위기.

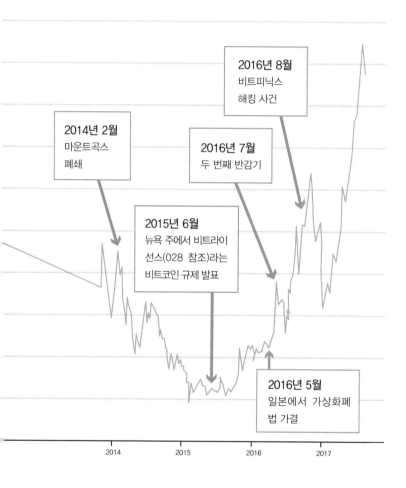

2016년 8월
비트피닉스
해킹 사건

2014년 2월
마운트곡스
폐쇄

2016년 7월
두 번째 반감기

2015년 6월
뉴욕 주에서 비트라이
선스(028 참조)라는
비트코인 규제 발표

2016년 5월
일본에서 가상화폐
법 가결

2014   2015   2016   2017

▲ 처음에는 가치가 전혀 없었지만 이런저런 사건을 거치면서 비트코인에도 가치가 생겼고, 값이 크게 오르내리고 있다.

23

비트코인의 위험성을
알아 두자

비트코인 자체의 위험성과 거래소 위험성

그동안 비트코인은 순조롭게 규모를 확대해 왔다. 하지만 당연히 위험성도 가지고 있다. 첫째로 비트코인 자체의 가격 변동이 꽤 크다는 점이다. 달러나 유로 환율과 비교해도 가격 변동이 커서 하루에 몇 %나 오르내리는 일이 잦다. 이런 상황에서는 화폐로서 안심하고 사용할 수 없다는 목소리도 나온다.

둘째로 비트코인 자체가 신뢰하기 어렵다는 위험성을 가지고 있다. 현재 비트코인은 처리 능력의 문제 등을 껴안고 있다. 그렇다 보니 장차 다른 가상화폐가 비트코인의 자리를 넘볼 수도 있을 것이라는 예상도 나오는데, 정말 그렇게 된다면 비트코인의 가치는 현재와 비교했을 때 현저히 떨어지고 말 것이다. 게다가 **해킹이나 오류가 발생할 가능성도 0%는 아니다.**

셋째로 주의해야 할 점은 거래소의 위험성이다. 일본에도 비트코인 거래소가 많고, 손쉽게 비트코인을 구매할 수 있다. 구매한 비트코인은 보통 거래소 계좌를 통해 관리된다. 그런데 그 경우, 비트코인 시스템 자체는 정상이어도 거래소가 해킹을 당해서 비트코인이 유출될 우려도 존재한다.

마지막으로 비트코인을 자기 월렛(비트코인을 보관하기 위해 컴퓨터나 스마트폰으로 이용하는 앱)에 보관하는 경우, **월렛이 해킹을 당해 비트코인이 유출될 위험성이** 있다. 더구나 월렛의 비밀번호는 잊어버리면 두 번 다시 복원하지 못한다. 스마트폰을 분실하거나 새로 산 경우에, 비밀번호나 비밀키를 잊거나 날리는 경우가 있다. 그런 일을 당해서 비트코인을 복원하지 못한 사람이 실제로 있다. 비트코인 관리에는 세심한 주의가 필요하다.

① 변동 위험

가격 변동이 크다 → 하루에 몇 %나 움직이기도

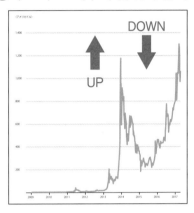

② 거래소 위험

비트코인 거래소의 신뢰성
→ 제2, 제3의 마운트곡스 사건이 일어날 가능성도

③ 신뢰 위험

비트코인 자체의 신뢰성
→ 하드포크(052 참조) 문제가 표면화

④ 관리 위험

월렛(지갑) 관리 → 철저한 자기 관리가 필요

▲ 비트코인은 법정화폐와 달리 다양한 수준의 위험성이 존재한다. 이 점을 반드시 인식해 둬야 한다.

마운트곡스 사건이란?

비트코인 역사상 최악의 사건, 그 진상은?

　비트코인 역사상 가장 큰 사건은 마운트곡스 사건이라고 할 수 있다. 마운트곡스(Mt.Gox)는 일본에 거점을 둔 세계 최대 비트코인 거래소로 당시 약 70%의 시장 점유율을 자랑했다. 그 마운트곡스에서 일반 고객이 맡긴 비트코인의 99%가 **내부 비리로 소실되는** 사건이 일어난 것이다. 피해 총액은 당시 환율로 약 5억 달러[27]에 달하여 일본에서도 많은 뉴스가 쏟아졌고 마운트곡스는 이 일로 인해 2014년 파산했다.

마운트곡스 사건이 발생한 후, 비트코인의 이미지는 끝없이 하락했다. 특히 일본에서는 처음부터 가상화폐에 회의적이던 사람들이 목소리를 높였다. "비트코인은 끝났다" "엔텐[28]과 똑같은 투자사기다"라며 비트코인 자체를 비판했다. 그러나 이 사건의 본질은 비트코인을 맡고 있던 거래소 중 하나가 파산한 것이지, **비트코인의 시스템 자체에 문제가 있었던 것은 아니다.** 실제로 사건이 발생한 이후에도 비트코인 시스템은 아무런 영향을 받지 않고 멀쩡하게 작동하는 중이다.

말하자면 FX(foreign exchange 외환거래) 회사가 불상사로 무너지더라도 달러나 엔의 환전 시스템 자체에는 아무런 영향을 미치지 않는 상황과 흡사하다. 외환거래가 막 시작됐을 무렵에도 많은 비리를 저지른 FX회사가 활개를 쳤지만 결국 도산했다. 동일한 전철을 밟지 않으려면 "비트코인 거래소를 어디로 할 것인가"라는 선택이 더욱 중요하다.

---

27 약 5억 달러: 약 5,600억 원
28 엔텐(円天): 일본의 건강식품 판매회사인 엘엔지(L&G)가 2001년부터 발행한 가상화폐. 엘엔지는 엔텐을 이용해서 피해액이 1,000억 엔(9616억 원 정도)을 넘는 대규모 다단계 금융사기를 치고 결국 2015년에 완전히 파산했다.

마운트곡스에서 무슨 일이 일어났는가?

마운트곡스 사건이란

마운트곡스

소실

마운트곡스

고객이 맡긴 비트코인(약 5억 달러 상당)이 내부 비리로 소실, 결국 경영 파탄으로

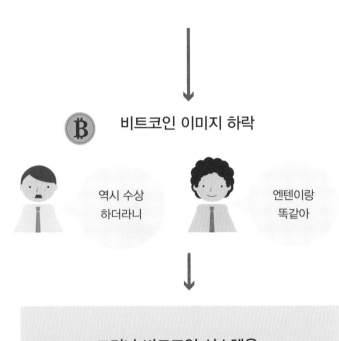

비트코인 이미지 하락

역시 수상
하더라니

엔텐이랑
똑같아

그러나 비트코인 시스템은
계속 정상적으로 작동하는 중이다.

▲ 비트코인 자체의 안전성과 비트코인 거래소의 위험성은 구별하여 생각할 필요가 있다.

거래소가 해킹당했다!
홍콩 거래소 사건

제2의 마운트곡스?
세계 최대 거래소에서 무슨 일이 일어났나?

마운트곡스 사건이 발생한 이후 한동안 비트코인에 대한 신용은 계속 떨어졌다. 하지만 '거래소의 위험성'과 '비트코인 자체의 안전성'은 무관하다는 인식이 차츰 받아들여졌고 비트코인의 가격은 다시 상승세로 돌아섰다.

그 와중에 비트코인 업계를 떠들썩하게 만든 사건이 또 일어났다. 바로 **비트피닉스 사건**이다. 비트피닉스(Bitfinex)는 홍콩에 있는 세계 최대급 비트코인 거래소다. 2016년 8월, 비트피닉스에서 **외부의 해킹 공격을** 받아 약 12만BTC(당시 환율로 약 6,500만 달러[29])의 비트코인을 도난당했다고 발표했다. 이 사건으로 비트코인 시세는 또다시 붕괴됐다.

마운트곡스의 사건과 비트피닉스 사건의 차이점이 있다. 전자는 내부 소행일 가능성이 높고, 후자는 외부 소행일 가능성이 높다는 점이다. 사실 피트피닉스는 2015년 5월에도 한 차례 해킹 피해를 입은 적이 있다.

이처럼 초대형 거래소에도 비트코인 유출의 위험이 항상 도사리고 있다는 것을 명심해야 한다. 일본에서도 대형 거래소 비트플라이어(bitFlyer)가 미쓰이스미토모해상화재보험과 손을 잡고, 가상화폐를 도둑맞거나 분실했을 때 손해를 보상하는 보험 판매를 발표하는 등 두 사건을 교훈으로 삼은 움직임이 활발해졌다.

일본의 법 정비도 진행되어 비트코인 투자자에 대한 보호책이 마련되었다. 앞으로는 똑같은 사건이 발생하지 않도록 해킹 위험이 없는 안전한 비트코인 거래소 구축이 시급하다.

---

29 6,500만 달러: 약 693억 원

주된 비트코인 거래소 사건

비트피닉스 사건

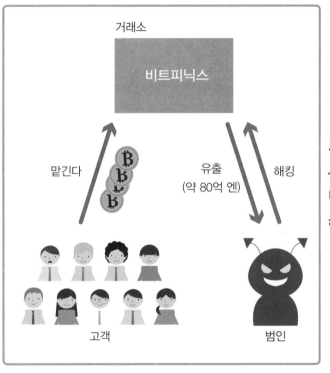

거래소

비트피닉스

맡긴다

유출
(약 80억 엔)

해킹

고객

범인

외 부 범 행

마운트곡스 사건

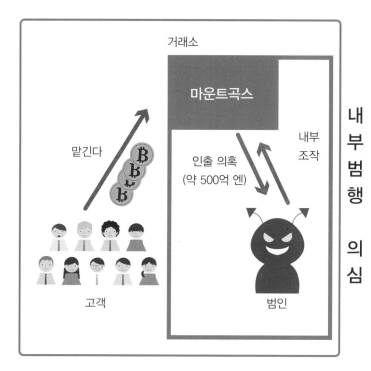

거래소

마운트곡스

맡긴다

인출 의혹
(약 500억 엔)

내부
조작

고객

범인

내부범행 의심

▲ 거래소가 고객의 비트코인을 잃어버리는 사건이 현실에서 일어난 이상, 어떤 거래소를 선택할지 잘 비교하는 일이 중요해질 것이다.

26

코인 사기가 늘었다? 이런 코인에 주의!

"관리자가 확실히 있으니까 안심"이라는 말은 사실일까?

　블록체인을 빙자한 코인 사기가 늘어나고 있다. 코인 사기란 비트코인의 성공 사례를 들먹이며 새로운 가상화폐를 소개하고, 투자를 권유하는 사기 행태다. 수많은 가상화폐가 난립하는 현재 상황을 틈타서 거의 가치도 없는 코인을 강매하려는 회사도 존재한다. 이런 수상한 가상화폐에 걸려들지 않으려면 어떤 점을 주의해야 할까?

　먼저 '관리자'가 있는 가상화폐는 의심하는 편이 낫다. 최근 정착하고 있는 리플(Ripple)처럼 관리자가 존재하는 경우도 있기는 하다. 하지만 이것은 예외적인 경우이며 비트코인은 관리자가 없기 때문에 기존의 금융 시스템을 벗어났다는 점에서 주목을 모은 것이다. 관리자가 있는 가상화폐는 비트코인과 아예 다르다고 생각해야 한다. 관리자가 있는 가상화폐는 대부분 운영회사가 있고, 그곳에서 발행되므로 **공급량 또한 조절이 가능하다**. 게다가 거래소가 지닌 위험성은 가상화폐 자체의 신용 문제와 직결한다. 운영회사가 파산하면 해당 가상화폐도 당연히 같은 운명에 처한다. 결국 관리자가 있는 가상화폐로 이득을 보는 것은 공급량을 조절할 수 있는 운영회사밖에 없다.

　가격 상승을 유독 강조하는 가상화폐도 수상하게 여기는 편이 낫다. 특히 "비트코인은 더 이상 값이 오르지 않는다. 우리 가상화폐는 앞으로 몇 년 뒤면 수백 배로 뛸 가능성이 있다!" 같은 이야기는 코인 사기의 단골 레퍼토리다.

사기 코인의 특징

운영회사가 존재한다

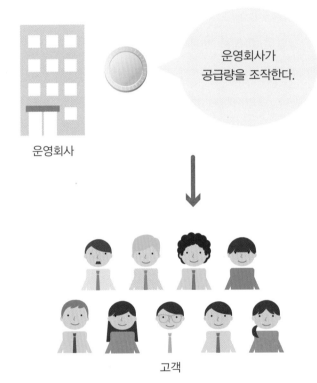

운영회사

운영회사가
공급량을 조작한다.

고객

운영회사와 같은 관리자가 존재하고, 공급량 조절이 가능

발행 상한이 없다

발행 상한 있음

발행 상한 없음

발행 상한이 있는 비트코인과 달리 관리자가 원하는 만큼 발행할 수 있다.

가격 상승을 집요하게 강조한다

올해 들어서 매일
오르는 중입니다.
앞으로도 상승세가
이어질 전망이고요.
지금이 사야 할
때입니다!

"몇 년 뒤에는 수백 배로 오른다"라며 끊임없이 장래성을 강조한다.

▲ 사기 코인은 운영회사가 이득을 보는 구조로 이루어져 있다. 스마트폰 한 대로 간단히 가상화폐를 만들어 팔고는 기회를 봐서 파산하거나 도주하는 등 흉악하기 짝이 없다.

27

가상화폐법으로 바뀐다!
비트코인을 둘러싼 법 정비

세계 최초! 비트코인 법률을 제정한 일본

2017년 4월 1일, 일본에서 **가상화폐법**(개정자금결제법)이 시행되었다. 가상화폐에 관한 법률이 제정된 것은 일본이 세계 최초다. 개정법은 1년 이내에 시행되므로 비트코인 관련 사업자는 등록 준비와 자율규제 단체로서 인정받을 준비를 진행하고 있다. 가상화폐가 일본 법 체계에 자리매김했다는 사실은 가상화폐 업계의 진일보나 다름없다.

비트코인을 둘러싼 환경은 구체적으로 어떻게 바뀔까? 먼저 비트코인 거래소가 등록제로 바뀐다. 따라서 사업자는 일본 재무국에 등록을 마쳐야 한다. 거래소는 일정한 기초 재산과 금융업자로서 준법감시[30] 제도를 갖춘 조직이 있어야 하고, 법인과 임원에게 결격 사유가 없어야 한다. 시스템을 유지할 수 있는 견고한 보안 체제 또한 필요하며, 고객의 자산을 회사 자산과 분별하여 관리하고 있는지 매년 회계법인의 감사를 받아야 한다.

한편 회계 기준과 세금제도 정비는 아직 미흡한 상태다. 비트코인 구매 시 부과되는 소비세를 비과세로 전환하려는 움직임은 있으나 가상화폐 전반을 현행대로 처리하기에는 여러모로 충분하지 못한 점이 많아서 회계 및 세무 측면의 검토가 필요한 실정이다. 이제 일본에서도 회계법인 감사가 필수 요건이 된 만큼 이를 계기로 가상화폐에 적합한 회계 기준이 조속히 마련되어야 한다는 목소리가 높아지고 있다.

---

30) 준법감시(compliance): 고객 재산의 선량한 관리자로서 회사 임직원 모두가 제반 법규를 철저히 준수하도록, 사전에 또는 상시적으로 통제하고 감독하는 일. 이런 업무에 종사하는 사람은 준법감시인(compliance officer)이라고 부른다.

일본의 가상화폐법으로 무엇이 바뀌나?

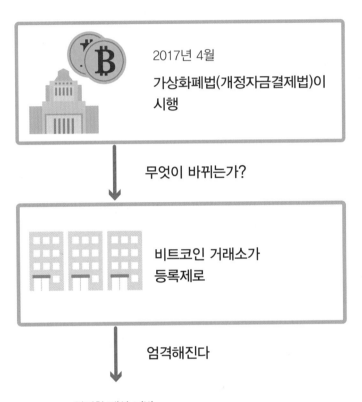

2017년 4월

**가상화폐법(개정자금결제법)이
시행**

무엇이 바뀌는가?

**비트코인 거래소가
등록제로**

엄격해진다

• 일정한 재산 기반
• 준법감시 제도를 갖춘 조직
• 시스템을 유지할 수 있는 보안 체제
• 고객의 자산을 분별 관리
• 회계법인의 감사 등등

▲ 법이 정비될수록 악질 비트코인 거래소는 도태될 것이다.

28

금지, 제한, 허용……
해외의 비트코인 법

비트코인을 대하는 방식은
나라별로 크게 다르다

현재 일본에서는 가상화폐법이 가결·성립하여 법 규제가 진행되고 있다. 그렇다면 다른 나라는 어떨까? 미국 뉴욕 주에서는 **비트라이선스**(BitLicense)를 새로 도입했다. 비트코인과 같은 가상화폐를 대상으로 한 이용자보호법이다. 주 단위이기는 하지만 미국에서도 비트코인 관련 법 정비가 진행되고 있다는 뜻이다. 그 밖에 독일, 프랑스, 스위스, 스웨덴, 캐나다, 미국 일부 주에서도 기존 이용자보호법의 적용 범위를 가상화폐로 넓혀 이용자 보호를 꾀하고 있다.

이와 대조적으로 중국에서는 공적 금융기관의 가상화폐 취급을 제한한다. 요르단과 베트남도 같은 조치를 취하고 있다. 러시아, 방글라데시, 인도네시아, 볼리비아, 에콰도르에서는 비트코인의 이용 자체를 금지한다. 유럽연합(EU)은 가맹국 감사기관에게 금융기관의 비트코인 취급 억제를 권고했으며, 그에 대한 대응은 나라마다 각양각색이다.

세금 문제와 관련하여 뉴욕 주 세무·재무부에서는 비트코인 매매에 판매세를 부과하지 않겠다는 의사를 명확히 했다. 유럽연합도 2015년 10월, 유럽사법재판소에서 비트코인 매매는 부가가치세법에 근거하여 비과세에 포함된다고 판결했다. 한편 싱가포르에서는 비트코인에 소비세를 부과한다.

각국의 비트코인 대책

유럽연합(EU):
금융기관의 취급
억제를 권고

일본:
국가에서 법률 제
정(2016년 5월에
제정, 2017년 4월
1일부터 시행)

**미국
일부(뉴욕 주):**
이용자보호법을
도입

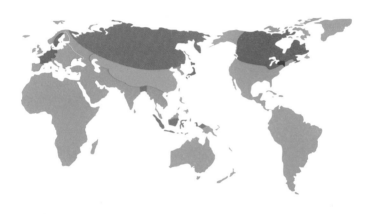

**러시아, 방글라데
시, 인도네시아, 볼
리비아, 에콰도르:**
이용 금지

중국:
공적 금융기관의
취급을 제한

**독일, 프랑스, 스
위스, 스웨덴, 캐
나다, 미국 일부:**
기존의 이용자보
호법 적용

▲ 현재 세계 각국의 비트코인 대응책은 나라별로 크게 나뉘어 있다.

비트코인의 창시자
사토시 나카모토의 정체는?

비트코인은 2008년 11월에 발표된 「비트코인: P2P 전자화폐 시스템(Bitcoin: A Peer-to-Peer Electronic Cash System)」이라는 논문에서 탄생했다. 이 논문을 발표한 것은 사토시 나카모토[31]라는 인물이다.

사토시 나카모토의 정체는 현재까지 전혀 알려진 바가 없어서 비트코인의 최대 수수께끼로 여겨진다. 국적, 나이, 거주지 등등 모든 정보가 오리무중이다. 어쩌면 개인이 아닌 단체일 가능성도 있다는 소리가 나올 정도다.

논문이 비트코인 포럼에 투고된 시간대를 그래프로 만들고 거주 지역을 추측해서 "누가 사토시 나가모토인가?"라는 질문에 대한 해답을 찾으려고 하고 "내가 사토시 나카모토"라고 자진하는 사람까지 등장하였으나 아직 진실은 드러나지 않았다.

한편, 사토시 나카모토는 비트코인을 약 100만BTC[32](일본 엔으로 약 1,200억 엔)가량 소유한 것으로 알려져 있다.

Bitcoin: A Peer-to-Peer Electronic Cash System

Satoshi Nakamoto
satoshin@gmx.com
www.bitcoin.org

Abstract. A purely peer-to-peer version of electronic cash would allow online payments to be sent directly from one party to another without going through a financial institution. Digital signatures provide part of the solution, but the main benefits are lost if a trusted third party is still required to prevent double-spending. We propose a solution to the double-spending problem using a peer-to-peer network. The network timestamps transactions by hashing them into an ongoing chain of hash-based proof-of-work, forming a record that cannot be changed without redoing the proof-of-work. The longest chain not only serves as proof of the sequence of events witnessed, but proof that it came from the largest pool of CPU power. As long as a majority of CPU power is controlled by nodes that are not cooperating to attack the network, they'll generate the longest chain and outpace attackers. The network itself requires minimal structure. Messages are broadcast on a best effort basis, and nodes can leave and rejoin the network at will, accepting the longest proof-of-work chain as proof of what happened while they were gone.

1. Introduction

Commerce on the Internet has come to rely almost exclusively on financial institutions serving as trusted third parties to process electronic payments. While the system works well enough for most transactions, it still suffers from the inherent weaknesses of the trust based model. Completely non-reversible transactions are not really possible, since financial institutions cannot avoid mediating disputes. The cost of mediation increases transaction costs, limiting the minimum practical transaction size and cutting off the possibility for small casual transactions, and there is a broader cost in the loss of ability to make non-reversible payments for non-reversible services. With the possibility of reversal, the need for trust spreads. Merchants must be wary of their customers, hassling them for more information than they would otherwise need. A certain percentage of fraud is accepted as unavoidable. These costs and payment uncertainties can be avoided in person by using physical currency, but no mechanism exists to make payments over a communications channel without a trusted party.

What is needed is an electronic payment system based on cryptographic proof instead of trust, allowing any two willing parties to transact directly with each other without the need for a trusted third party. Transactions that are computationally impractical to reverse would protect sellers from fraud, and routine escrow mechanisms could easily be implemented to protect buyers. In

▲ 비트코인의 시초가 된 논문. 사토시 나카모토라는 이름으로 발표되었다.
(https://bitcoin.org/bitcoin.pdf).

---

31 사토시 나카모토(Satoshi Nakamoto): 2009년에 세계 최초의 가상화폐인 비트코인을 개발하여 가명으로 세상에 공개했다. 2016년 크레이그 스티븐 라이트(Craig Steven Wright, 오스트레일리아의 컴퓨터 프로그래머)가 본인이 사토시 나카모토라고 주장했으나 논란이 일었고, 이후 블로그를 통해 자신의 주장을 철회했다.
32 약 100만BTC: 2018년 1월 1BTC 가격 1,300만 원을 기준으로 약 13조 원.

3장

비트코인 이용법

지금 시작해 보자!

29

비트코인을 시작하려면?

가장 손쉽게 시작하는 방법은 '거래소'

이제 비트코인을 한번 시작해 보자. 비트코인을 손에 넣는 가장 일반적인 방법은 **비트코인 거래소에서 구매하는 것**이다. 비트코인 거래소는 주식시장과 같은 원리로 움직인다. 일반 참가자들이 "얼마에 사겠다" 혹은 "얼마에 팔겠다"라는 주문을 서로 내놓으며 매매를 진행한다. 거래소에는 주식거래처럼 차트가 있고, 그곳에 매매 현황이 표시된다. 0.001BTC 이하의 소액부터 구매 가능한 거래소가 많아 가볍게 시작할 수 있다.

거래소와 별도로 판매소를 운영하는 회사도 있다. 판매소에서는 운영회사가 "1BTC당 얼마"라고 제시한 가격에 따라 필요한 만큼의 비트코인을 구매할 수 있다. 거래소와 판매소는 일반 참가자가 비트코인을 어떤 방식으로 구매하느냐에 따라 차이가 난다. 판매소는 화면이 단순한 곳이 많아서 구매하기가 쉽다는 장점이 있다.

최근 자이프(Zaif)라는 판매소에서는 신용카드로 비트코인을 구매할 수 있는 서비스를 시작했다. 그리고 은행 자동이체로 매일 비트코인을 구매해 적립하는 서비스도 실시 중이다. 이렇게 판매소는 점점 다양한 서비스를 확충하고 있다.

인터넷상에서가 아니라 **비트코인 자동입출금기(ATM)**를 이용하여 비트코인을 직접 획득하는 방법도 있다. 은행 ATM과 비슷한 기계인데, 일본에는 아직 몇 대밖에 없지만 즉석에서 비트코인 구매가 가능하다.

비트코인을 획득하는 주된 방법 세 가지

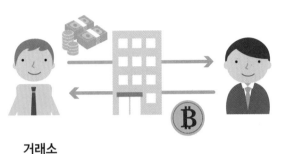

거래소

- 가장 일반적
- 수수료가 싸다.
- 게시판이 있어서 구매 시기를 파악하기 쉽다.

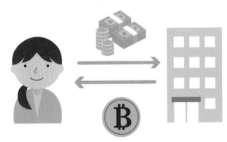

판매소

- 쉽게 구매할 수 있다.
- 다양한 서비스가 있다.(신용카드 결제, 매월 적립 등등)

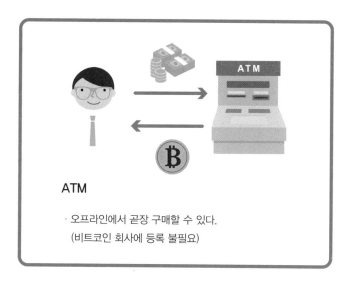

ATM

· 오프라인에서 곧장 구매할 수 있다.
(비트코인 회사에 등록 불필요)

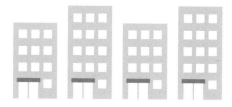

▲ 비트코인은 온라인과 오프라인에서 획득할 수 있다. 몇 가지 방법이 있지만 가장 기본적인 것은 거래소에서 구매하는 것이다. 비트코인은 100엔 남짓한 소액으로도 구매가 가능하다.

30

비트코인 이용에 필수!
전용 월렛

보관, 송금, 수취에 꼭 필요한 비트코인 월렛

비트코인 "월렛(wallet)"이란 말 그대로 지갑을 뜻한다. 월렛은 비트코인을 보관할 때뿐만 아니라 송금하거나 수취할 때도 사용된다. 비트코인을 시작하려면 반드시 갖춰야 하는 애플리케이션이다.

일반적으로는 모바일월렛이 가장 널리 쓰이는데, 스마트폰에 다운로드하는 형식이다. 특히 유명한 모바일월렛은 브레드월렛(breadwallet)이 있고, 그 외에도 무료로 다운로드할 수 있는 월렛이 많다.

모바일 월렛은 거래소에서 구매한 비트코인을 자기 월렛에 송금할 때, 다른 사람에게 받은 비트코인을 보관할 때, 가게에서 비트코인으로 결제할 때 사용한다. 다른 회사가 만든 월렛 중에서도 비트코인으로 송금이 가능하며, 컴퓨터상에서 사용 가능한 월렛도 있다.

월렛에는 비트코인 네트워크에 직접 연결되는 '완전 노드 클라이언트(Full Node client)' 방식과 외부 서버의 블록체인을 참조하는 'SPV 클라이언트(Simplified Payment Verification client)' 방식이 존재한다. SPV 방식은 전자에 비해 설치 소요시간을 단축할 수 있어서 초보 이용자에게 편리하다.

인터넷에 연결하지 않는 "콜드월렛"도 있다. 비트코인을 인터넷과 분리하여 보관하므로 그만큼 보안이 강력하다. 가장 유명한 콜드월렛은 트레저(Trezor)이다.

월렛에는 여러 유형이 있다

● 브레드월렛

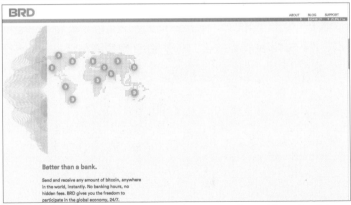

https://breadwallet.com

대표적인 모바일월렛 서비스. 아이오에스(iOS), 안드로이드(Android)용 무료 애플리케이션을 설치하여 송금과 결제 등을 할 수 있다.

● 트레저

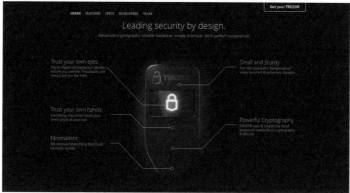

https://trezor.io

콜드월렛. 오프라인 보관이 가능해서 보안성이 높다. 단말기를 구매한 뒤 단말기 속에 비트코인을 보관하는 구조다.

▲ '비트코인 결제하는 데 써야지', '안전하게 보관하고 싶어'라는 생각이 들 때에는 용도에 맞는 지갑을 골라서 사용하면 된다.

31

남에게 절대 알려지면
안 되는 비밀키

공개와 비공개. '비트코인 주소'와 '비밀키'의 관계란?

비트코인 거래는 과거부터 현재까지 있었던 모든 기록이 네트워크상에 공개된다.

거래 기록에는 A 비트코인 주소에서 B 비트코인 주소로 언제, 얼마의 비트코인을 보냈는지에 대한 내용이 담겨 있다. 물론 비트코인 주소 하나만으로 개인이 누구인지 특정하지는 못한다. 그러나 한 번이라도 제삼자가 거래를 시작하면 주소가 바뀌지 않는 한 해당 제삼자는 특정이 가능하다.

자기 월렛에서 송금할 때는 **비밀키**가 사용된다. 비밀키는 본인이라는 사실을 증명하는 데이터이며 전자서명을 할 때에 이용된다. 단, 서명만으로는 비밀키 자체를 취득할 수 없다. 그 비밀키가 거래 서명에 사용되어야 올바른 소유자가 보냈다는 증거로 작용한다. 서명이 발행되고 나면 아무도 거래를 변조하지 못할뿐더러 해당 거래는 네트워크에 공유된다. 비밀키는 비트코인 주소의 주인밖에 모른다. 네트워크상에 존재하는 비트코인 주소 정보만 가지고는 비밀키 특정이 불가능하다.

비밀키는 월렛 내에서 관리되므로 월렛을 통해 자기 비밀키를 확인할 수 있다. 거래소에 비트코인을 맡긴 경우라면 거래소가 비밀키를 관리한다. 비밀키가 유출되면 원하는 비트코인 주소로 코인을 송금하지 못하니 철저하게 보관해야 한다.

비밀키의 구조

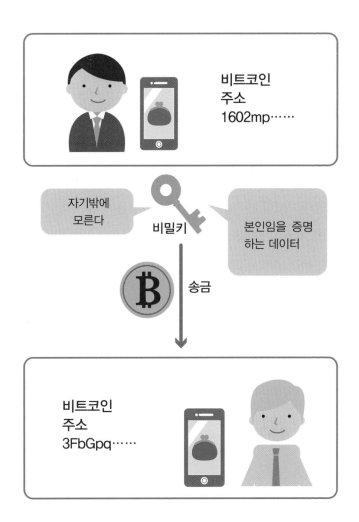

비트코인
주소
1602mp······

자기밖에
모른다

비밀키

본인임을 증명
하는 데이터

송금

비트코인
주소
3FbGpq······

남에게 비밀키가 알려지면······

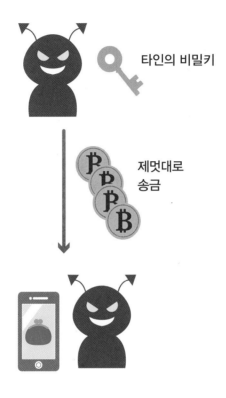

타인의 비밀키

제멋대로
송금

▲ 비밀키는 송금 주소의 주인밖에 모른다. 유출되면 타인이 제멋대로 송금할 우려가 있으므로 조심하자.

비트코인 거래소를
선택하는 중요한 기준

가장 중요하다! 거래소 선택

현재 일본에는 비트코인 거래소가 다수 있지만 그중에는 신용하기 힘든 거래소도 분명히 존재한다. 하지만 지금은 법 정비가 진행되고 있는 과도기라는 점을 잊으면 안 된다. 마운트곡스 사건과 비트피닉스 사건은 거래소가 지닌 문제점이 표면으로 드러난 사태였고, 두 사건으로 인해 어떤 거래소를 선택할 것인가 하는 문제는 더욱 중요해졌다.

이런 상황은 초기 외환거래 시장과 비슷하다. 개정외환법이 시행된 1998년 이후 일본에서는 높은 레버리지[33]를 내세우는 어중이떠중이 같은 회사가 난립했다. 그중에는 고객의 자산과 회사 자산을 분리하지 않는 경우, 중대한 시스템 오류를 거듭한 경우, 심지어는 그대로 도망쳐서 고객에게 막대한 자산 손실을 입힌 경우도 적지 않았다. 장차 이와 비슷한 운명을 맞이할 가능성이 있는 비트코인 거래소도 존재하기 때문에 거래소를 결정할 때에는 꼭 신중히 비교해야 한다.

거래소를 선택할 때 알아봐야 할 점은 다음과 같다. 먼저 거래소 자체의 안전성, 즉 운영회사가 신뢰할 만한지 알아본다. 고객의 자산은 당연히 따로 관리해야 하고, 시스템의 안전성 또한 놓쳐서는 안 된다. 다음으로 구체적인 서비스를 살펴봐야 한다. 입금 방식에는 어떤 종류가 있고, 제휴하는 은행은 어디인지 확인하자. 마지막으로 출금 수수료가 의외로 중요하다. 입금은 무료지만 출금할 때 수수료를 떼는 곳이 있으니 꼼꼼하게 확인하자. 그리고 거래 수수료가 얼마인지, 거래 수단이 사용하기 편한지, 스마트폰을 지원하는지, 차트는 보기 쉬운지, 어떤 기술적 분석[34]이 표시되는지 등도 확인해 둘 필요가 있다.

33 레버리지(leverage): "지렛대"라는 뜻으로 금융계에서는 투자비를 빌려서(타인자본을 투입해서) 수익률을 극대화하는 투자법을 가리킨다. 타인자본을 지렛대 삼아 이익률을 높이는 방식이다. 가령 자기자본 100억으로 10억을 벌면 이익률은 10%지만 자기자본 50억에 타인자본 50억을 보태서 10억을 벌면 이익률은 20%가 된다.
34 기술적 분석(technical analysis): 과거의 시세나 거래량 등을 계량화하거나 도표화해서 일정한 추세나 패턴을 찾는 분석 기법.

비트코인 거래소 고르는 방법

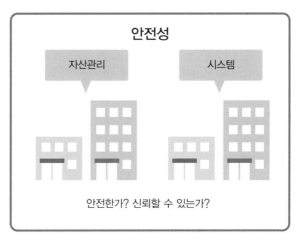

안전성

자산관리   시스템

안전한가? 신뢰할 수 있는가?

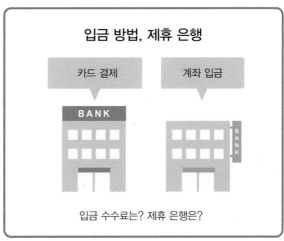

입금 방법, 제휴 은행

카드 결제   계좌 입금

입금 수수료는? 제휴 은행은?

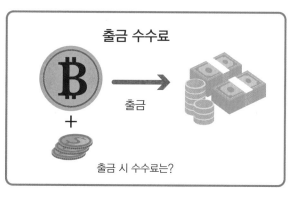

▲ 우리는 숱한 거래소 사건을 겪었다. 어느 거래소를 선택하느냐가 비트코인을 시작하는 데 가장 중요한 요소가 된 것이다.

33

일본의 주요 거래소를 알아 두자

이렇게나 다르다! 각 거래소의 특징은?

일본 내 주요 거래소의 특징을 알아보자. 일본의 주요 거래소로는 비트플라이어(bitFlyer), 비트뱅크(bitbank), 코인체크(coin check), 비티시박스(BTCBOX), 자이프(Zaif, 029 참조)가 있다.

비트플라이어는 2014년 1월에 설립된 일본 최대 비트코인 거래소이다. 거래액으로 세계 1위를 한 적도 있다. 비트코인은 많은 사람이 거래하는 곳을 고르는 게 중요하다. 비트코인 외에도 이더리움(Ethereum)이 제공하는 이더(Ether)라는 가상화폐를 취급한다.

비트뱅크는 2014년 5월에 설립된 거래소로 20배의 레버리지
(거래회사에 증거금[35]을 맡기면 맡긴 금액 이상으로 거래할 수 있는 방식이
며 외환거래에서 일반적인 거래 방법)를 걸고 비트코인을 거래할 수 있
다. 추가 증거금이 없다는 점도 특징이다. 비트뱅크는 "비트뱅크
월렛"이라는 서비스도 실시하고 있다. 이것은 비트코인을 오프
라인에 보관하는 콜드월렛의 일종인데, 멀티시그(Multi-sig, 송금
시 복수의 서명이 필요한 거래 방식)를 도입하여 회사 내 비트코인 관
리 체제를 더욱 강화했다고 한다.

코인체크는 이더리움, 리스크(LISK), 팩텀(Factom), 어거
(Augur), 리플(Ripple) 등등 다양한 플랫폼의 가상화폐를 거래할
수 있다.

다음에 소개하는 시장 점유율을 참고해서 마음에 드는 회사
의 홈페이지를 찬찬히 확인해 보자. 용도에 맞는 거래소를 고를
수 있을 것이다.

---

35 증거금: 주식거래를 할 때에 현재 보유금액 이상으로 거래하기 위해 예탁하는 보증금.

일본 내 주요 거래소

● 비트플라이어
http://bitflyer.jp

일본 내 최대 거래소. 거래액이 세계 1위였던 적도 있다. 비트코인 외에 이더도 취급한다.

● 비트뱅크
https://bitcoinbank.co.jp

2014년 5월에 설립된 거래소. 비트뱅크월렛이라는 서비스도 실시하고 있다.

● 코인체크
https://coincheck.com/ja

비트코인, 이더리움, 리스크, 팩텀, 어거, 리플 등등 다양한 플랫폼의 가상화폐를 취급하는 거래소.

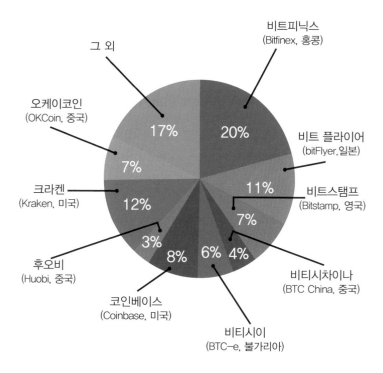

거래소별 세계 시장 점유율(2017년 4월 기준)

그 외 17%

비트피닉스
(Bitfinex, 홍콩) 20%

오케이코인
(OKCoin, 중국) 7%

비트 플라이어
(bitFlyer, 일본) 11%

크라켄
(Kraken, 미국) 12%

비트스탬프
(Bitstamp, 영국) 7%

후오비
(Huobi, 중국) 3%

비티시차이나
(BTC China, 중국) 4%

코인베이스
(Coinbase, 미국) 8%

비티시이
(BTC-e, 불가리아) 6%

출처: http://data.bitcoinity.org/markets/volume/30d?c=e&t=b(2017년 4월 5일 기준)[36]

▲ 세계에 많은 비트코인 거래소가 있지만 최근 일본의 거래소가 상승세를 보이고 있다.
비트플라이어가 세계 1위를 차지한 적도 있다.

---

36 출처에 적힌 주소로 들어가면 현재의 시장 점유율을 확인할 수 있다. 비티시차이나 및
비티시이는 거래소가 폐쇄되었다.

34

비트코인 구매하기

이제 헤매지 말자! 비트코인 사는 법

거래소에서 비트코인 구매하는 순서를 구체적으로 살펴보자. 비트코인을 어디서 구매할지 골랐다면 맨 먼저 **계좌**(account)를 작성한다. 보통은 메일 주소만 있으면 계좌 작성이 가능한데, 돈을 입금하거나 실제로 비트코인을 매매할 경우에는 은행 계좌 등록 및 운전면허증 송부(휴대전화로 사진을 찍어서 전송) 작업이 필요하다. 빠르면 당일 내 계좌를 개설하여 거래를 시작할 수 있다.

다음으로 비트코인을 구매할 돈을 입금한다. 본인의 은행 계좌에서 본인의 거래소 계좌번호로 송금하면 된다. 딱히 송금액을 제한하지 않는 거래소가 많으니 1,000엔 단위의 소액부터 시작해도 상관없다.

마지막으로 **비트코인을 구매한다.** 비트코인은 2017년 4월 현재 1BTC당 약 12만 엔이지만 100엔어치부터 살 수도 있다. 비트코인 거래의 가장 큰 특징은 365일 24시간 내내 시세가 변한다는 점이다. 달러, 유로, 엔 등의 외환거래는 주말에는 환율을 갱신하지 않아 매매가 불가능한데, 비트코인은 주말에도 거래가 가능하다. 거기에 외환거래나 주식거래와 마찬가지로 지정가 혹은 역지정가 주문도 가능하다. 예를 들면 "1BTC가 10만 엔이 되면 사겠다"라고 미리 가격을 지정해서 주문하는 방법이다. 덧붙여 일부 판매소에서는 신용카드로 비트코인을 구매할 수도 있다.

비트코인을 구매하는 3단계

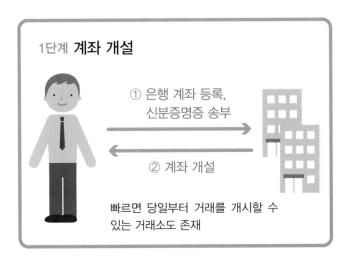

1단계 **계좌 개설**

① 은행 계좌 등록,
　신분증명증 송부

② 계좌 개설

빠르면 당일부터 거래를 개시할 수
있는 거래소도 존재

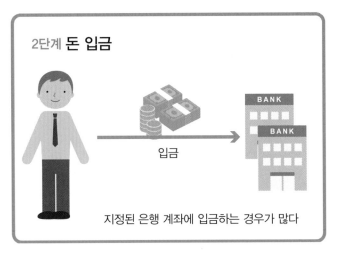

2단계 **돈 입금**

입금

지정된 은행 계좌에 입금하는 경우가 많다

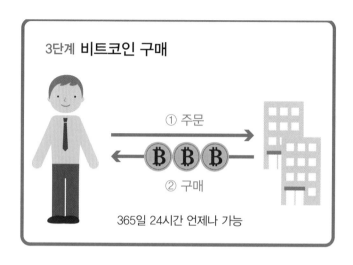

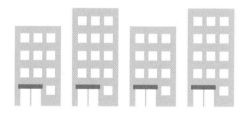

▲ 비트코인을 구매하려면 계좌를 개설해야 한다. 개설한 뒤에는 365일 24시간 언제든지 간단하게 필요한 만큼 구매할 수 있다.

35

비트코인 보관하기

거래소에 맡기는 방법과
직접 관리하는 방법으로 크게 나뉜다

비트코인을 거래소에서 구매하면 보통은 그 **거래소가 비트코인을 관리하는** 형태가 된다. 비트피닉스 사건(025 참조)처럼 거래소 해킹이 발생하지 않도록 거래소에서는 비트코인 관리에 만전을 기한다. 이를테면 일본 최대 거래소인 비트플라이어의 거래 시스템 '비트플라이어 라이트닝(bitFlyer Lightning)'은 대형 금융기관보다 더 강도 높은 암호화 통신[37]을 채용하고, 80% 이상의 비트코인을 콜드월렛으로 안전하게 보관할 뿐 아니라 복수 서명을 필요로 하는 멀티시그(Multi-sig)까지 도입했다. 하지만 그렇게 만전을 기했다고 하더라도 거래소가 해킹당해서 비트코인이 유출될 위험성이 제로로 줄어드는 것은 아니다.

구매한 비트코인을 실제로 가게에서 사용하고 싶은 사람은 스마트폰 월렛에 옮겨서 보관하는 방법을 이용하면 된다. 자신의 월렛으로 비트코인을 직접 관리할 경우에는 한층 철저한 자기 관리가 필요하다. 특히 사용하는 스마트폰을 분실했을 때를 대비하여 복원 패스프레이즈[38]는 반드시 기록해 두기 바란다. 설령 스마트폰을 잃어버리더라도 복원 패스프레이즈를 애플리케이션에 재입력해 복원할 수 있다. 거래소 보관은 로그인 아이디(ID)와 비밀번호를 잊어버려도 운영회사에 본인 확인을 실시하면 계좌 복원이 가능하다. 각각의 장단점을 인식하고 용도에 맞게 구분하여 이용하면 된다.

---

37 암호화 통신: 네트워크 통신을 암호화해서 제삼자가 볼 수 없게 하는 보안 기술.
38 패스프레이즈(passphrase): 전자서명, 암호화, 복호화 등에 사용되는 비밀번호로, 패스워드보다 긺. 하나의 단어가 아닌 문장으로 구성되며 문장 길이가 길수록 보안성이 높아진다.

거래소에 맡길까? 직접 관리할까?

거래소 보관

해킹당하지 않도록 고강도 보안 시스템으로 관리

구매   거래소

거래소에서 구매한 비트코인은 거래소가 보관한다. 만전을 기하고자 강도 높은 보안 시스템으로 관리하고 있으나 해킹에 따른 분실 위험성이 제로는 아니다.

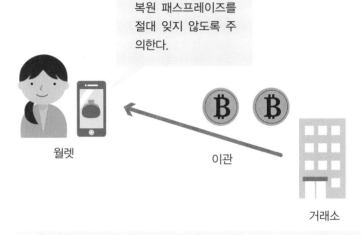

직접 보관

복원 패스프레이즈를 절대 잊지 않도록 주의한다.

월렛

이관

거래소

가게에서 사용할 수 있게끔 스마트폰 월렛으로 비트코인을 옮기는 것도 가능하다. 복원 패스프레이즈 관리가 중요하다.

▲ 비트코인을 보관하는 방법은 '거래소 보관'과 '직접 보관'의 두 가지로 나뉜다. 직접 관리할 경우에는 한번 분실하면 돌이킬 수 없으니 복원 패스프레이즈 관리를 철저히 하자.

36

비트코인으로
쇼핑하기

스마트폰으로 2차원 코드를 읽으면 결제 끝!

구매한 비트코인은 실제 쇼핑에서도 사용할 수 있다. 아직 적은 숫자이기는 하나 일본에서도 비트코인 결제를 인정하는 상점이 확산되어 도심을 중심으로 현재 약 2,500여 곳까지 늘어났다[39]. 아직은 바나 레스토랑 같은 소규모 상점이 많지만 가전제품 판매장인 빅카메라의 일부 매장에서도 비트코인 결제를 시범 도입하고 있다. 인터넷 쇼핑 쪽에서도 일본의 대기업 디엠엠(DMM)이 비트코인을 결제 수단으로 인정했다. 비트코인 결제는 상점 입장에서도 도입 문턱이 낮고, 수수료와 입금 속도 면에서 이점이 크다. 참고로 미국에서도 비트코인을 사용할 수 있는 장소가 갈수록 증가하고 있다. 할인점인 월마트와 타깃, 인터넷 쇼핑몰인 이베이는 물론 마이크로소프트, 델, 스타벅스에서도 비트코인 결제를 인정했다.

거래소에서 구매한 비트코인을 사용하기 위해서는 일단 자기 월렛에 넣어야 한다. 본인 계좌의 메뉴에서 송금을 선택한 다음 보내고 싶은 **월렛의 비트코인 주소를 지정하여 송금하면 된다.**

월렛에 비트코인을 넣었다면 결제하기는 매우 간단하다. 가게에서 아이패드나 단말기를 이용해 2차원 코드를 보여주고, 사용자는 본인의 스마트폰의 **월렛 애플리케이션을 이용해 처리하면 송금이 완료된다.**

---

39 2018년 1월, 일본에서 비트코인을 받는 상점의 수가 26만 곳을 넘어섰다는 기사가 나왔다. https://news.bitcoin.com/rollout-of-260000-bitcoin-accepting-stores-in-japan-begins

머지않은 미래에 비트코인 결제가 당연해진다?

일본

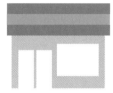

가전제품 판매장

레스토랑

인터넷 쇼핑몰

영어회화 교실

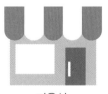

미용실

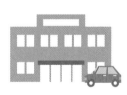

자동차 운전학원

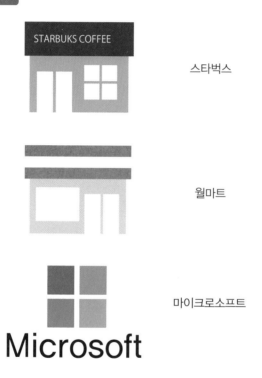

미국

스타벅스

월마트

마이크로소프트

▲ 국내외를 불문하고 비트코인을 사용할 수 있는 상점이 늘어나는 추세다. 결제 절차가
   간단해서 상점 측에도 이점이 있다.

37

비트코인을
해외 이용자에게 보내기

비트코인을 이용하면 해외 송금이 이렇게나 이득

비트코인은 해외 송금이 편리하다. 해외 송금에는 수수료가 드는데 일본이라면 통상 수천 엔가량의 수수료를 뗀다. 하지만 비트코인을 이용하면 상대방에게 직접 송금이 가능하면서도 금액은 불과 십 몇 엔밖에 들지 않는다. 게다가 365일 24시간 언제든 거의 실시간으로 입금이 완료된다.

비트코인을 송금할 때에는 먼저 송금을 받을 상대방의 비트코인 주소를 알아야 한다. 비트코인 주소는 메일 주소와 비슷하다. 국가에 관계없이 동일하게 발급되며 전 세계적으로 중복되지 않는다. 주소만으로는 아무런 의미가 없을지라도 가령 "12WeGZp9EpWDJieiDCKneFPq3UMnUSJ6tj"가 주소임을 아는 사람은 누구나 그 사람에게 비트코인을 송금할 수 있다. 비트코인 주소는 고유하지만 그것만 가지고는 주소의 소유자가 누구인지 판별하지 못할 수도 있다. 비트코인 주소는 QR코드 형식으로도 표시가 가능하기 때문에 스마트폰 카메라로 스캔해서 송금할 수도 있다.

비트코인을 송금하면 얼마간 상대방의 지갑에 "미승인"이라는 표시가 뜬다. 해당 거래를 비트코인 네트워크 전체에서 검증하고 승인하는 작업이 이루어지는 것이다. 승인은 약 10분이면 1회가 끝난다. 그 후 여러 차례 승인이 이루어지는데, **승인 횟수가 늘어날수록 거래의 안전성이 확고해진다.**

거래 한 번에 승인이 여러 번 발생한다는 점에서 스스로 처리 상태를 확인하여 그 자리에서 확정되는 은행 송금과는 대조적이다.

은행 송금과 비트코인 송금의 차이

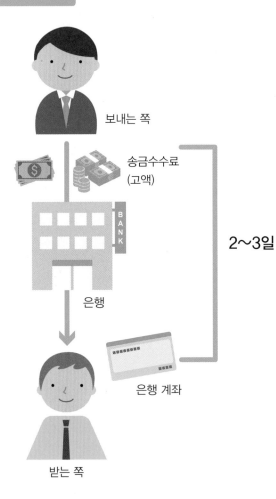

은행 송금

보내는 쪽

송금수수료
(고액)

BANK

은행

2～3일

은행 계좌

받는 쪽

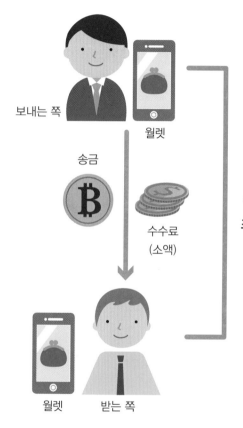

비트코인 송금

보내는 쪽

월렛

송금

₿

수수료
(소액)

수십 분에서
최대 몇 시간

월렛　받는 쪽

▲ 해외로 송금할 때 비트코인을 이용하면 수수료가 싸고, 이체 속도도 빨라서 은행에서
송금하는 것보다 압도적으로 편리하다.

38

비트코인
보관 시 주의사항

없어지고 난 뒤에는 늦다! 철저한 자기 관리가 필수

비트코인을 직접 보관하는 경우에는 많은 위험이 존재한다. 그중 하나가 피싱(phishing)이다. 피싱이란 평소 이용하는 거래소나 혹은 컴퓨터상의 웹월렛과 똑같이 생긴 유사 사이트로 유도한 후 로그인 정보를 도둑질하는 사기 수법을 말한다. 월렛 보안이 완벽할지라도 아이디와 비밀번호를 도둑맞으면 버틸 재간이 없다. 로그인 정보를 도둑맞아서 자신의 비트코인이 다른 비트코인 주소로 유출된 사례도 있다.

실수로 월렛을 지웠거나 스마트폰 교체 후 자기 월렛을 복원하지 못해서 비트코인을 잃어버릴 가능성도 있다. 스마트폰에 애플리케이션을 설치하는 형식의 모바일월렛은 대부분 '복원 패스프레이즈'가 존재한다. 복원 패스프레이즈는 12개 혹은 24개의 무의미한 단어들을 나열한 문자열이다. 이것을 기억해 둬야 월렛에 입력해서 자신의 비트코인 월렛을 복원할 수 있다. 복원 패스프레이즈는 철저히 관리하고, 타인에게 알려주지 않도록 주의하자.

송금을 잘못할 위험성도 있다. P2P를 이용한 분산형 네트워크에서는 한번 송금을 하고 나면 다시는 철회하지 못한다. 틀린 주소를 입력하고 송금 버튼을 누르는 순간 엉뚱한 사람에게 들어갈 위험이 있다(실제로는 이를 방지하기 위한 검사합계가 주소의 문자열 표현에 포함된다). 반면 은행에서는 송금 취소(철회)가 가능하다.

비트코인을 잃어버리는 세 가지 유형은?

① 피싱 사기

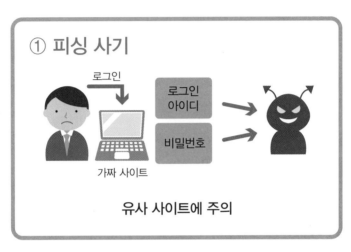

유사 사이트에 주의

② 월렛 분실

복원 패스프레이즈를 보관

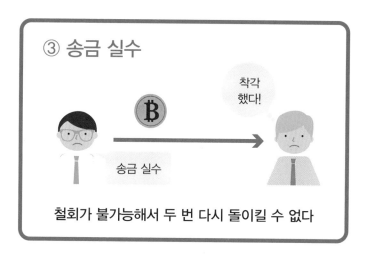

③ 송금 실수

착각
했다!

송금 실수

철회가 불가능해서 두 번 다시 돌이킬 수 없다

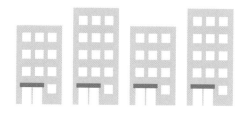

▲ 비트코인 계좌는 은행 계좌와 다르다. 가상화폐 특유의 위험성을 인식하는 일이 중요하다.

39

비트코인 판매하기

쉽게 현금화할 수 있다는 것도
비트코인의 장점

수중에 비트코인을 가지고 있다고 해도 그것으로 결제를 할 수 있는 장소는 아직 많지 않다. 그렇다 보니 '비트코인을 쓸 수 있는 곳이 있을까?' 하고 불안해하는 사람이 많은데, 현재 구매한 비트코인은 간단하게 현금으로 교환도 가능하다.

비트코인을 가장 손쉽게 판매하는 방법은 비트코인 거래소를 이용하는 것이다. 비트코인 거래소에서는 비트코인 구매와 판매가 모두 가능하다. 앞에도 말했다시피 비트코인은 아직 용도가 한정적이라 비트코인을 구매하는 사람 대부분은 가격 상승을 기대하는 마음이다. 일종의 투기라고 볼 수 있다. 시세가 오르기를 기대하며 쌀 때 사고, 오르면 팔아서 이익을 얻는다. 샀을 때보다 가격이 떨어지기도 해서 큰 손해를 보고 파는 사람도 생긴다. 덧붙여 비트코인 거래소는 365일 24시간 거래가 가능하다. 설날도 국경일도 없다.

거래소뿐 아니라 판매소에서도 판매는 가능하다. 판매소에서도 보유하고 있는 비트코인을 현금으로 바꿀 수 있다. 이때 주의할 점은 **구매가와 판매가의 차이**다. 외환거래에서는 이것을 스프레드(spread)라고 부른다. 일반적으로 판매가보다 구매가가 더 높고, 이 차액이 소위 업자의 몫이다. 예컨대 살 때는 12만 엔이었지만 곧장 되팔면 11만 9,000엔이 되기도 한다. 스프레드는 업자마다 다르니 되도록 유리한 곳을 고르자.

비트코인은 쉽게 판매가 가능하다

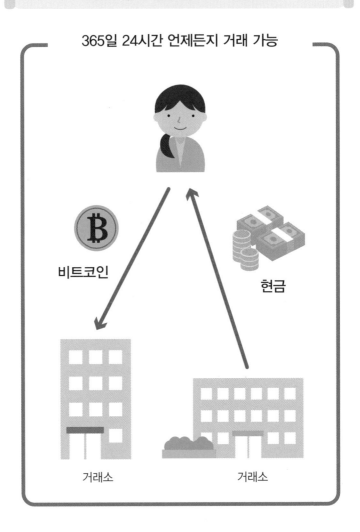

365일 24시간 언제든지 거래 가능

비트코인

현금

거래소   거래소

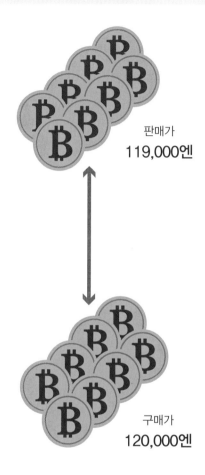

판매가
119,000엔

구매가
120,000엔

▲ 보유하고 있는 비트코인은 판매소나 거래소에서 손쉽게 현금화할 수 있다. 판매할 때
는 판매가와 구매가의 차이(스프레드)에 주의해야 한다.

40

비트코인 가격 확인하기

의외로 알려지지 않은 사실!
가격은 거래소마다 다르다

비트코인 거래소는 365일 24시간 운영하기 때문에 시세 확인
도 언제든지 가능하다. 보통은 본인이 매매하는 **거래소의 거래
화면에서 시세를 확인한다.** 거래소에 따라 스마트폰으로도 시
세를 확인할 수 있는 곳이 있다.

일반적인 시세 확인 방법은 차트 데이터를 보는 것이다. 차트
란 과거 시세의 변동을 그래프화하여 흐름을 예측하기 쉽게 만
든 자료이다. 예를 들어 일봉차트라면 각각 "봉"이라고 불리는

막대가 하루 동안의 시세 변동(고가, 저가, 시가[始價], 종가[終價])을 표현한다.

다만 한 가지 주의사항이 있다. 비트코인에는 일본의 도쿄증권거래소라든가 미국의 다우존스 같은 표준 거래소가 없다. 토요타의 주가라면 도쿄증권거래소에서 얼마라고 결정하지만 비트코인은 전 세계에 있는 다양한 거래소에서 거래되기 때문에 거래소마다 시세가 다르다. 이를테면 일본의 한 거래소에서는 비트코인 하나에 12만 엔인데, 중국 거래소에서는 11만 9,000엔(위안을 엔으로 환산)일 수도 있다.

각 거래소를 이용하는 시장 참가자의 성향 차이도 차트 모양에 영향을 미친다. 특히 시세가 대폭 움직였을 때는 유동성[40] 차이로 인해 큰 차이가 빚어지기도 한다. 일부 투자자 중에는 이런 차이를 이용해서 재정거래[41]를 하는 사람도 있으니 모쪼록 비트코인의 특성을 충분히 숙지하고 거래하자.

---

40 유동성(liquidity): 필요할 때 자산을 현금으로 바꿀 수 있는 정도.
41 재정거래(arbitrage): 어떤 상품의 가격이 시장마다 상이할 경우 싼 시장에서 구매하여 비싼 시장에 판매함으로써 매매 차익을 얻는 거래 행위.

비트코인 시세 확인하는 법

일봉차트(예)

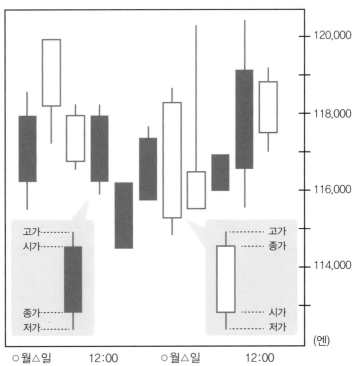

**컴퓨터나 스마트폰으로도
확인 가능한 차트가 많다**

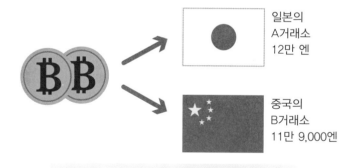

일본의
A거래소
12만 엔

중국의
B거래소
11만 9,000엔

시세는 거래소마다 다르다

▲ 비트코인 시세는 각 거래소에서 확인이 가능하다. 과거의 시세 변동이 한눈에 파악되
는 차트를 보는 것도 편리하다.

41

비트코인 매매에
세금이 들까?

주의! 거래이익은 확정신고[42]를
해야 할 가능성이 있다

일본에서 2017년 4월 1일에 가상화폐법이 시행된 이래, 가상화폐와 관련된 법 정비가 급속히 진행되고 있다. 그렇지만 이 법률은 거래소 규제 및 이용자 보호에 주안점을 둔 법이라 세법상의 취급에 대해서는 애매모호한 부분이 많다. 2017년 5월 현시점에서 비트코인 매매에 관한 세금제도, 특히 소득세가 어떻게 처리되는지 검토해 보자.

이번 법 개정으로 일본에서는 비트코인도 결제 수단의 한 가지가 되었다. 그러나 세법상에서 보면 법정화폐(엔, 달러 등등) 이외에는 모두 물건으로 취급하는 것이 원칙이기 때문에 비트코인 또한 물건이라고 판단하는 편이 타당해 보인다.

가상화폐를 거래해서 소득을 얻은 경우에는 판매한 시점의 이익만 과세 대상에 들어간다. 평가이익(미실현이익)에는 세금이 부과되지 않는다. 하지만 소득이 어디로 구분될지는 아직 명확하지 않고, 세무서나 세무사에 따라서도 견해가 다르다. 실제 신고에서는 판매·교환의 빈도에 따라 소득 구분이 달라질 가능성이 있다. 만약 영리 목적으로 당일치기 매매를 하거나(day trader) 이삼일 간격으로 매매를 반복(swing trader)해 수익을 챙겼다면 해당 이익은 잡소득 혹은 사업소득으로 간주될 가능성이 높다.

단, 이것은 어디까지나 한 가지 견해일 뿐이므로 실제 신고할 때는 관할 세무서나 세무사에게 상담하는 것을 추천한다. 비트코인(가상화폐) 거래에 드는 소비세는 2017년 7월 1일 이후 비과세로 전환될 예정이다.

---

42 확정신고: 개인 또는 법인이 과세기간 동안의 소득과 세액을 계산하여 세무서에 신고하는 것.

비트코인 매매로 얻은 소득은 어떻게 될까?

세법상으로는……

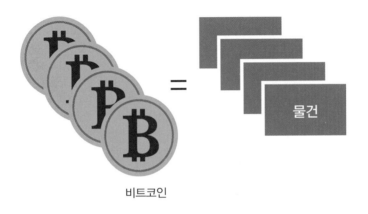

비트코인

법정화폐 이외에는 모두 물건으로
취급하는 것이 원칙

거래로 소득을 얻은 경우

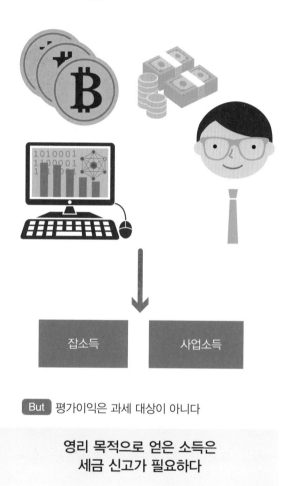

But 평가이익은 과세 대상이 아니다

**영리 목적으로 얻은 소득은
세금 신고가 필요하다**

▲ 거래로 얻은 소득은 외환거래와 마찬가지로 확정신고가 필요하다. 세부 사항에 대해서
는 저마다 견해가 갈리므로 세무사나 관할 세무서에 상담하는 편이 낫다.

비트코인은
사회 공헌에 알맞다?

해외 송금을 할 때에 비트코인은 소액도 가능하다. 게다가 개인이 상대방에게 직접 돈을 보낼 수도 있다. 이런 특징은 사실 기부라는 행위를 할 때에 안성맞춤이다. 나와 지구 반대편에 살고 있는 사람일지라도 상대방의 비트코인 주소(QR코드 등)만 알면 낮은 수수료로 시간에 구애받지 않고 직접 송금이 가능하기 때문이다. 심지어 은행 계좌도 필요하지 않다.

기부 단체에도 소액부터 기부가 가능하다. 더구나 비트코인 주소를 검색하면 언제 얼마나 입금되었고 총계가 얼마인지도 훤히 보인다. 이렇게 자신이 기부를 한 뒤에 돈의 흐름까지 추적이 가능해서 기부받은 단체에서 모금만 하고 기부를 실천하지 않는 사태도 피할 수 있다. 일본에서는 기부 전용 사이트인 키즈나(Kizuna)가 문을 열었고 점점 성장하고 있다.

● 키즈나

https://www.kizuna.world

4장

블록체인을
밑받침하는
기술

이제 알았다!

다 같이 사용하고, 모두가 확인하는 장부란?

분산장부기술을 쓰면 시스템이 멈추지 않는다

기존 법정화폐의 중앙집권 시스템은 모든 거래를 한 대 혹은 여러 대의 중앙 서버에서 처리하기 때문에 다량의 거래를 안전하게 처리하려면 고액의 비용이 든다. 해킹당할 우려도 있어서 강력한 보안 대책은 필수다.

비트코인이 채용한 **분산장부 시스템**은 복수의 컴퓨터(노드)가 동일한 거래를 처리한다. 중앙집권 시스템은 서버(백업용 예비 서버도 포함)가 다운되면 서비스 운영에 치명타를 입을 가능성이 있지만 분산장부 시스템은 일부 컴퓨터가 다운되어도 시스템에 영향을 미치지 않는다. 거래에 참여하는 **다수의 컴퓨터가 전부 동시에 다운되어야만 네트워크 시스템이 멈추기 때문이다**(실질적 제로 다운타임[43]).

비트코인의 블록체인은 어떤 노드건 같은 작업을 수행하고, 모든 컴퓨터에 데이터가 공유된다. 전 과정을 다수의 컴퓨터로 실시하는 만큼 중앙집권 시스템과 비교하면 구축과 운용에 드는 비용을 낮출 수 있다. 동일한 데이터가 다른 여러 컴퓨터에 존재하기 때문에 백업도 필요 없다.

중앙 서버가 모든 거래를 처리하는 중앙집권 시스템은 그 서버(혹은 운영회사)가 신용의 근거나 다름없다. 한편 다수의 컴퓨터가 시스템을 유지하는 분산장부 시스템은 각 컴퓨터가 분산되고, 익명화되어 있어서 **특정 컴퓨터**(혹은 유저)**를 신뢰할 필요가 없다.**

---

43 다운타임(downtime): 오류, 고장, 점검 등으로 시스템이 작동하지 않는 시간.

중앙집권 시스템과 분산장부 시스템의 차이

중앙집권 시스템

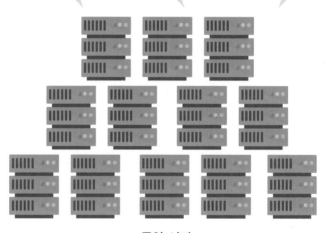

강력한 보안 대책이 필요

고비용

높은 신뢰가 필요

중앙 서버

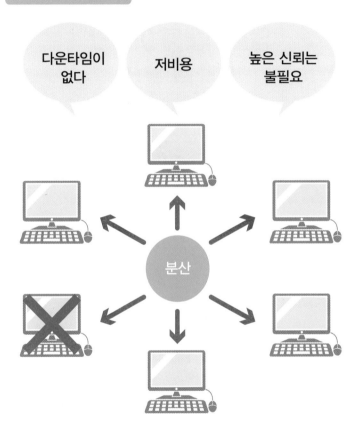

▲ 분산장부 시스템에는 실질적으로 다운타임이 없고, 비용이 낮고, 높은 신뢰가 필요 없다는 특징이 있다.

43

변조 불가능?
암호기술을 이용한
시스템 설계

코인 보유자 본인이 송금했다는 사실을 증명하는 전자서명

비트코인은 전자서명(digital signature)이 된 가상화폐다. 전자서명은 비트코인 거래의 중핵을 이룬다. 전자서명이란 공개키 암호방식을 이용하여 데이터상에서 본인 확인을 할 수 있는 기술이다.

비트코인을 송금할 때에는 전자서명이 쓰인다. 비트코인을 보낸 사람이 비밀키의 소유자 본인이며, 송금이 위조되거나 변조된 것이 아니라는 사실을 전자서명으로 증명한다.

전자서명의 과정은 세 단계로 나뉜다. 먼저 비트코인을 송금할 때에는 송금인의 비밀키와 수령인의 비트코인 주소가 필요하다. 송금인은 타원곡선암호라는 공개키 암호방식(044 참조)과 비밀키를 사용해 공개키를 작성한다(미리 작성해 두는 경우도 있다). 그리고 "누가 누구에게 몇 BTC를 송금했다"라는 거래 데이터를 비밀키로 변환하여 '서명데이터'를 만든다. 마지막으로 서명데이터와 공개키를 비트코인 네트워크상의 컴퓨터(채굴자)에게 공개한다. 마이너(채굴자)는 공개키를 사용해서 서명데이터를 검증할 수 있으며 검증을 완료하면 "이 송금은 정당하고 유효한 거래"임이 증명된다.

신분증명서나 인감도장을 도둑맞으면 악용될 가능성이 있듯이 만에 하나 비밀키가 유출된다면 누군가가 본인인 척 마음대로 송금할 수 있다. 비트코인을 취급하는 한 전자서명의 특성을 이해하고 **비밀키를 엄중히 관리해야** 한다.

전자서명의 과정

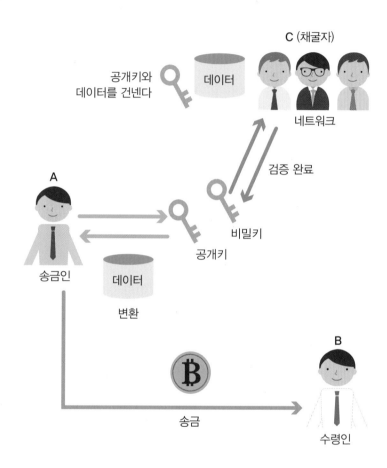

공개키와
데이터를 건넨다

데이터

C (채굴자)

네트워크

A

송금인

공개키

비밀키

검증 완료

데이터

변환

B

송금

수령인

1단계

A는 비밀키를 무작위로 만들어 공개키 작성

2단계

A는 비밀키로 데이터를 변환, 그 데이터와 공개키를 C에게 공개

3단계

C는 공개키로 데이터를 검증, 완료 후 A에게서 B로 송금

▲ 전자서명을 통해 소유자 본인이 비트코인을 보냈다는 사실이 증명된다.

44

공개키와
비밀키로 거래하기

비트코인은 '공개키 암호방식'을 채용한다

앞에서 비트코인의 송금 처리에는 전자서명이 쓰인다고 설명했는데, 전자서명에는 암호기술이 사용된다. 대표적 암호기술의 하나로 "공통키 암호방식"이 있다. 이것은 공통키라는 하나의 열쇠를 양측이 공유하는 방법이다. 공통키로 정보에 자물쇠를 채워서(암호화) 상대에게 전송하고, 상대가 같은 공통키로 정보의 자물쇠를 풀면(복호화[44]) 된다. 공통키 암호방식은 공통키가 유출될 시 제삼자가 자물쇠를 풀 수 있기 때문에 상당히 위험하다.

그래서 고안된 것이 "공개키 암호방식"이다. 이것은 공개키와 비밀키라는 두 개의 열쇠를 써서 정보를 주고받는다. 두 열쇠는 일대일로 대응하며, 짝을 이루는 열쇠가 있어야만 자물쇠를 풀 수 있다. 공개키로 정보를 잠가서(암호화) 상대에게 전송하면 공개키와 짝을 이루는 비밀키로 자물쇠를 푸는(복호화) 것이다. 공개키는 이름 그대로 누구에게나 공개되어 있지만 비밀키는 비공개여서 수신자밖에 모른다.

공개키 암호방식은 메일 송수신이라든가 은행 인터넷뱅킹 등 실생활에 폭넓게 쓰인다. 비트코인과 유사한 많은 가상화폐도 공개키 암호방식을 채용하고 있다.

---

44 복호화(復號化, descrambling): 디지털 신호를 전송하려고 할 때 타이밍 정보가 유실되는 것과 전송 과정에서 발생하는 혼변조 현상을 방지하기 위해 보내는 사람은 입력 데이터를 임의 부호 계열로 변환시켜 전송한다. 이때 받는 사람이 임의 부호 계열로부터 원래 데이터를 복원하는 것을 말한다. 암호화에 사용된 키와 쌍을 이루는 또 다른 유일한 키를 사용하여야만 복호화가 가능하다.

서로 다른 두 종류의 암호방식이란?

공통키 암호방식

송신자

암호화

둘 다 똑같은 '공통키'

복호화

수신자

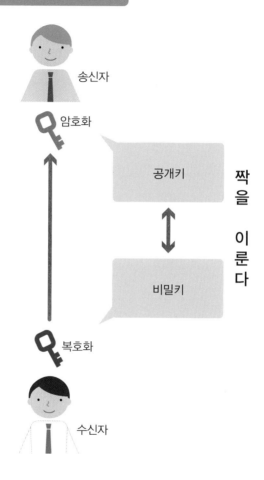

공개키 암호방식 = 비트코인

송신자

암호화

공개키

짝을 이룬다

비밀키

복호화

수신자

▲ 송신자는 수신자가 공개한 공개키로 암호화를 진행한다. 비밀키는 수신자밖에 모른다.

45

거래 데이터는
변경이 불가능하도록
특수하게 처리된다

난스를 바꾸면 해시값도 바뀐다?

비트코인의 근간 기술인 블록체인은 거래 데이터를 '블록'이라는 덩어리에 담는다. 비트코인은 약 10분간 이루어진 거래 데이터가 한 블록에 들어가는 것이다. 이 블록들을 과거부터 현재까지 체인 모양으로 연결하기 때문에 블록체인이라고 부른다. 블록 안에는 거래 데이터 외에도 바로 앞 블록의 정보가 집약된 해시값과 난스(Nonce)가 담겨 있다.

"해시값"이란 주어진 데이터를 바탕으로 암호화 해시함수라는 특수한 계산식을 통해 산출된 고정된 길이의 값을 말한다. 주어진 데이터가 같으면 반드시 같은 해시값이 나오고, 조금이라도 다르면 완전히 다른 해시값이 나온다. 또한 해시값으로부터 원래 데이터를 역산하지 못한다(비가역성[45]을 지님).

"난스"란 "Number used once(한 번 쓰이고 버려지는 숫자)"의 약자로 새 블록을 생성하는 데 이용되는 값이다. 어떤 조건에 들어맞는 해시값을 구한 컴퓨터(노드)는 새 블록을 생성할 권리를 갖게 된다. 구체적으로는 세 가지 정보(앞 블록의 해시값, 새 블록에 담길 거래 데이터, 난스)와 타임스탬프, 버전 정보 등등을 암호화 해시함수에 넣어서 특정 해시값(2진수로 256자리)을 구하면 새 블록이 생성된다. 해시값은 그저 난스를 바꿔 가며 정답이 나올 때까지 계산을 반복하는 단순한 방법으로밖에 구하지 못한다.

---

45 비가역성: 변화를 일으킨 물질이 원래의 상태로 돌아오지 않는 성질.

마지막 블록

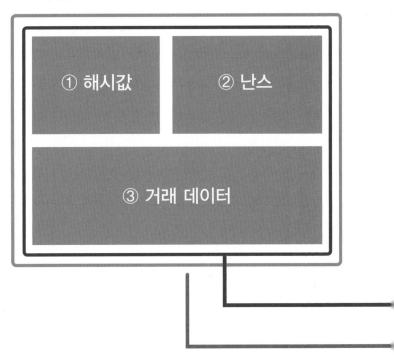

① 해시값

② 난스

③ 거래 데이터

위의 세 가지 정보(+타임
스탬프, 버전 정보 등등)를
암호화 해시함수에 넣어서

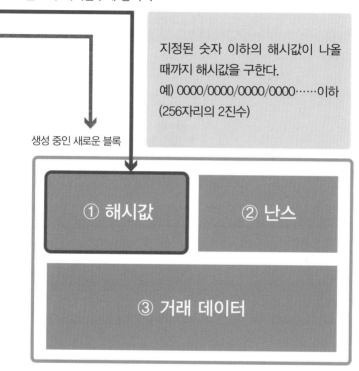

지정된 숫자 이하의 해시값이 나올
때까지 해시값을 구한다.
예) 0000/0000/0000/0000……이하
(256자리의 2진수)

생성 중인 새로운 블록

① 해시값

② 난스

③ 거래 데이터

▲ 해시값을 구하려면 암호화 해시함수에 난스를 바꿔 넣으며 계산을 반복하는 수밖에 없다.

46

거래 이력을 순서대로
정리하는 원리

해시값이 블록을 연결하는 역할을 한다

블록체인에는 거래 이력을 바른 순서대로 정리하기 위한 구조가 마련되어 있다. 비트코인은 과거부터 현재까지 모든 거래가 장부에 기록되며, 그 거래를 기록하는 방법으로 블록체인을 채용했다. 블록체인이란 거래 데이터가 담긴 덩어리를 블록화하여 시계열[46]로 연결한 것을 말한다.

각각의 블록에는 바로 앞 블록의 내용에 근거하여 생성된 해시값이 들어 있다. 이 해시값들을 연결하는 기술을 해시체인

(Hash chain)이라고 부른다. 다시 말해 해시체인을 구성하는 해시값을 바탕으로 다음에 이어질 새 해시값의 계산 작업을 반복하여 '해시값의 연쇄'를 만드는 기술이 해시체인이다. 해시체인을 쓰면 데이터의 순서가 유지되어 누가 무슨 방법을 쓰든 블록 속 데이터를 변조하기 어려워진다.

기존 시스템은 서버의 데이터베이스 접근 권한을 가지고 있으면 데이터를 변경하는 일이 원리적으로 가능하다. 따라서 누구도 서버에 접근하지 못하도록 보안 대책을 강화해야 할 필요가 있다. 하지만 블록체인에서는 PoW(048 참조)와 해시체인을 채택하고 있다. 그 덕분에 거래 이력이 전부 공개되는데도 불구하고 아무도 데이터를 변경하지 못한다. 가히 코페르니쿠스적 전환[47]이라고도 할 만한 이 사고방식이 블록체인의 핵심이며, 시스템 역시 그만큼 안전하게 운용된다.

---

46 시계열(時系列, time series): 연속적으로 관측한 값을 시간 순서에 따라 나열한 수열(數列).

47 코페르니쿠스적 전환: 사고방식이나 견해가 기존과 크게 달라지는 일을 비유적으로 이르는 표현. 폴란드의 천문학자 코페르니쿠스(Copernicus, 1473~1543)가 당시 대세이던 천동설을 반박하고, 지동설을 주장하여 천문학에 대전환을 일으킨 것에 빗댄 표현이다.

블록체인 데이터의 시계열이 붕괴되지 않는 이유

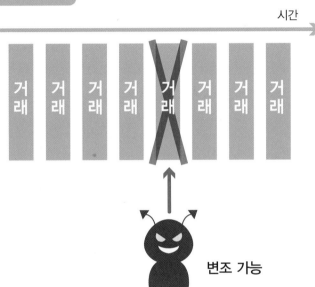

기존 시스템

시간

거래 거래 거래 거래 거래 거래 거래 거래

변조 가능

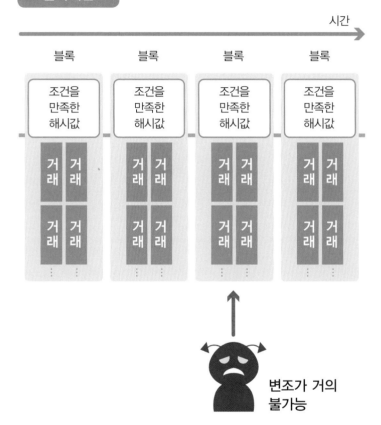

블록체인

시간

블록　　　블록　　　블록　　　블록

조건을
만족한
해시값

거래　거래

거래　거래

조건을
만족한
해시값

거래　거래

거래　거래

조건을
만족한
해시값

거래　거래

거래　거래

조건을
만족한
해시값

거래　거래

거래　거래

변조가 거의
불가능

▲ 앞뒤 블록이 해시값으로 밀착되어 있어서 도중에 블록을 변조하는 것은 거의 불가능.

47

분산된 컴퓨터로 거래를 검증하고 보존하는 공통 규칙

비트코인의 합의 방법은 '작업량'

　블록체인은 흩어져 있는 다수의 컴퓨터로 작업을 처리한다. 각각의 컴퓨터가 동일한 데이터를 보유하고 있기 때문에 설령 일부가 해킹을 당하더라도 데이터에는 모순이 발생하지 않는다. 이런 식으로 데이터를 유지하는 방법을 "합의(合意) 알고리즘"이라고 한다. 여기서 말하는 '합의'란 어디까지나 '데이터 값의 일치'를 뜻한다. 다수의 컴퓨터가 동일한 자료(데이터 값)를 공유하고, 그것이 서로 일치할 때(합의의 달성) 작업이 이루어지므로 데이터가 유지되는 것이다.

비트코인은 변조를 방지하기 위해 컴퓨터의 '작업량'을 이용한다. 컴퓨터(노드)에 계산 경쟁을 붙여서 어떤 숫자(해시값)를 빨리 찾아내게 만드는 것이다. 이 작업은 컴퓨터와 전기세를 동원한 제비뽑기나 다름없다. 전 세계에 분산된 다수의 컴퓨터가 제비(해시값)를 찾으려 단순 계산(작업)을 반복한다. 가장 빨리 제비를 찾은 컴퓨터는 새 블록을 추가할 수 있는 권리와 보수를 받는다. 그리고 새 블록에 제비를 담아 다른 컴퓨터로 전송한다. 다른 컴퓨터들은 제비가 똑바로 담겼는지 확인한 뒤 자기 장부에 그 블록을 추가한다. 자연스럽게 같은 데이터가 모든 컴퓨터에 공유된다. 이처럼 작업량으로 데이터를 보존하고, 작업량을 참조하여 합의를 형성하는 알고리즘을 "PoW(Proof of Work, 프루프 오브 워크)"라고 부른다.

블록체인을 사용하는 일부 알트코인은 다른 알고리즘을 채용하여 변조를 방지하기도 한다. 대표적인 것이 "PoS(Proof of Stake, 프루프 오브 스테이크)"다. PoS는 코인 보유량에 비례하여 블록의 승인 비율을 결정한다.

비트코인이 데이터 변조와 이중결제를 방지하는 원리

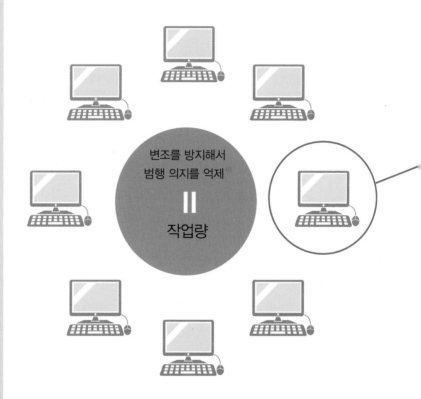

변조를 방지해서
범행 의지를 억제[48]

||

작업량

---

48 PoW 작업을 하는 과정이 만만치 않은 작업량을 요하기 때문에 변조와 이중결제에 대한 욕망을 억누르는 것을 말한다.

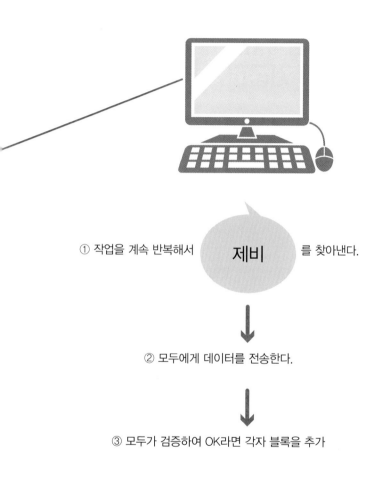

① 작업을 계속 반복해서 **제비** 를 찾아낸다.

② 모두에게 데이터를 전송한다.

③ 모두가 검증하여 OK라면 각자 블록을 추가

▲ 컴퓨터 작업으로 맨 먼저 제비를 찾은 컴퓨터(노드)에 블록을 추가할 권리가 부여된다.

48

협력자에게 보수를
지급하는 PoW

많은 전기세를 지불하고
컴퓨터를 이용해 계산을 반복한다.

PoW(Proof of Work, 프루프 오브 워크)란 비트코인이 변조를 억제하기 위해 채용한 알고리즘이다. 직역하면 "작업증명"이라는 뜻인데, 분산된 각 컴퓨터에 계산 작업을 시켜서 조건에 들어맞는 값을 도출한 컴퓨터가 생성한 블록이 옳다고 승인하는 방식을 말한다. 그렇게 조건에 맞는 값을 도출한 컴퓨터에게는 코인이 보수로 지급된다. 이른바 "보수가 지급되니 열심히 계산하자!"라는 경제적 인센티브를 제공하여 비트코인 네트워크 시스템을 유지하는 방법이다.

다만 PoW는 오직 난스(045 참조)를 바꾸는 것으로 값을 도출하기 때문에 계산하는 작업 자체는 사실 아무런 의미가 없다. 다수의 컴퓨터(계산기)를 준비해서 일제히 계산하는 만큼 전기가 많이 들고, 전기세도 낭비된다. 더군다나 현재는 채굴회사 몇 곳이 전체 채굴량(작업량)의 대부분을 독점하고 있다. 소위 **채굴의 과점화**가 진행된 상태인데, 이대로 과점이 지속되어 그들의 발언권이 커지면 '비중앙집권'이라는 비트코인의 이상(理想)까지 붕괴될지 모른다고 우려하는 목소리도 들린다.

이런 비판 때문에 PoW와 다른 새로운 알고리즘(PoS 등등)이 대두하였고, 이것은 알트코인에서 채용하는 작업 방식이다.

① 어떻게(HOW)

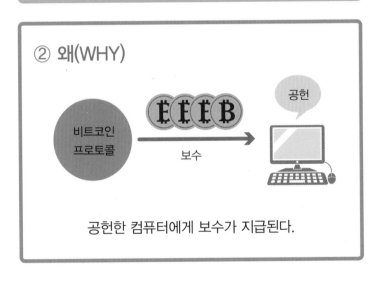

컴퓨터가 계산을 반복해서
조건에 들어맞는 값을 구한다.

② 왜(WHY)

공헌한 컴퓨터에게 보수가 지급된다.

③ 무엇을(WHAT)

- 계산 작업에는 아무 의미가 없다.

- 작업에 드는 전기세를 감당할 수 있는 채굴자가 독점

- 비중앙집권이라는 이상이 무너질 수도 있다.

계산이 무의미하다는 비판도 존재
→ 다른 알고리즘 대두

▲ PoW는 비트코인 시스템 유지에 꼭 필요하다. 그렇기에 공헌한 자에게 코인이라는 보수를 지급한다.

49

비밀키를 여러 명이 나누어 관리해서 보안을 강화한다

무단으로 코인을 송금하지 못하는 멀티시그 거래

코인을 송금하거나 관리할 때에 더욱 안전을 기하려고 다양한 기술이 도입되고 있다. 대표적인 기술이 바로 **멀티시그 거래**다. 멀티시그 거래란 "멀티시그니처(Multi-signature) 거래"의 줄임말로 복수의 서명이 가능한 거래를 뜻한다. 코인을 송금할 때 단독으로 하는 것이 아니라 여러 사람에게 승인을 요청해서 안전성과 편리성을 향상하는 기술이다.

가령 회사가 비트코인을 관리할 경우 직원 한 명이 혼자 비트코인을 관리한다면 횡령 등의 문제를 일으켜 유출될 위험이 있다. 이것을 방지하기 위해 여러 사람의 서명 없이는 코인을 이동하지 못하도록 만드는 것이다. 보통은 "M-of-N 멀티시그 주소"가 사용된다. 예를 들어 "2-of-3"은 비밀키 세 개를 가진 사람들 중 두 명의 비밀키에 해당하는 서명이 있다면 코인 이동이 가능하다.

에스크로(escrow: 중개자) 거래도 주목받고 있다. 이것은 비트코인을 이동할 때에 신뢰할 만한 제삼자를 끼우는 방법이다. 이를테면 사이트에서 안전하게 인출할 때까지 코인을 세 명 사이의 공유주소에 보관해 놓고, "2-of-3" 형식으로 코인 이동을 약속한다. 아무 문제가 없다면 구매자와 판매자 둘 사이에서 송금이 완료되고, 혹시 구매자가 상품을 인도받지 못하거나 예상치 못한 사태가 발생하면 구매자와 중개자가 둘이서 환불 수속을 진행한다.

아직은 어느 기술도 적용 사례가 많지는 않지만 향후 블록체인이 널리 보급되면 생활에 고루 침투할지도 모른다.

멀티시그어드레스와 응용 사례

2-of-3 멀티시그 주소

C가
없어도
송금할
수 있다.

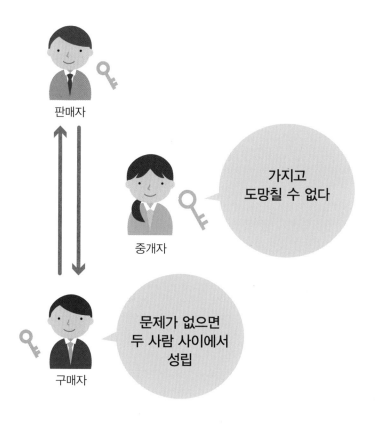

에스크로(중개자) 거래

판매자

중개자

가지고
도망칠 수 없다

구매자

문제가 없으면
두 사람 사이에서
성립

▲ 비트코인은 주로 '거래소에 위탁'하거나 '직접 보관'한다. 직접 보관할 때는 분실하면 두 번 다시 찾을 수 없으니 비밀번호 등을 철저히 관리해야 한다.

50

관리자가 있는
프라이빗 블록체인

고속으로 작동하고,
신뢰할 수 있는 특정인만 참여가 가능하다

블록체인의 기원은 비트코인이다. 비트코인처럼 공개 상태로
유지되는 블록체인을 퍼블릭 블록체인(public block chain)이라고
부른다.

한편 블록체인을 폐쇄된 환경에서 활용하자는 움직임이 등장
했는데, 이것은 프라이빗 블록체인(private block chain)이라고 부
른다.

기존의 퍼블릭 블록체인은 정보가 공개된다는 특성상 공개할

수 없는 정보(고객의 거래 데이터 등등)가 있으면 채택이 불가능했다.

프라이빗 블록체인은 공개 범위를 한정할 수 있기 때문에 비밀 보장이 요구되는 데이터 교환에도 응용이 가능하다. 특히 어떤 업계에서 여러 회사와 관계자가 모여 컨소시엄(금융기관 연합, 부동산회사 연합 등등)을 구성할 때에 많은 이점을 제공한다.

실제로 프라이빗 블록체인을 활용하려는 움직임이 활발하다. 이미 비트코인 블록체인을 기반으로 한 멀티체인(MultiChain), 이더리움에서 파생한 히드라체인(HydraChain), 독자적 블록체인인 미진(Mijin)까지 등장했다.

단지 원래 블록체인이란 "관리자 없이 공개되어 있다"는 점이 혁신적인 기술이다. 그런데 프라이빗 블록체인은 이를 무시하고 '비용 삭감과 실질적 제로 다운타임 실현'이라는 이점에만 집중하고 있는 것이다. 이 때문에 블록체인의 원리를 지지하는 사람들 사이에서는 회의적인 목소리도 나오고 있다.

퍼블릭 블록체인과 프라이빗 블록체인의 차이

퍼블릭 블록체인

실용례

비트코인   이더리움

정보

공개

참가자

불특정 다수

프라이빗 블록체인

실용례

멀티체인

미진

정보

?

비공개

참가자

특정 조직 · 그룹

이용 분야

부동산

금융

자동차

▲ 프라이빗 블록체인은 정보의 공개 범위를 한정할 수 있다는 것이 장점이다. 이로써 지금까지는 블록체인 응용이 불가능했던 분야에도 정보 교환의 길이 열렸다.

51

소액 결제를
반복할 수 있는 기술의 원리

블록체인과 분리된 '오프체인'으로 거래

비트코인 결제는 블록체인에 거래를 기록할 때마다 수수료가 발생한다. 일본 엔화로는 10엔[49] 남짓한 금액이라 기존의 결제 시스템과 비교하면 저렴하지만 소액 결제를 반복할 경우에는 수수료가 불어난다. 이 문제를 해결하는 방법으로 **마이크로페이먼트**[50] **채널**(micropayment channel)이라는 기술이 있다.

이것은 거래 일부를 블록체인의 외부(오프체인, off-chain)에서 처리하는 기술이다. 첫 거래와 마지막 거래만 블록체인에 기록하고, 중간 트랜잭션(거래)은 기록을 생략해서 수수료가 들지 않도록 하는 것이다.

마이크로페이먼트 채널은 먼저 이용자와 서비스 회사의 멀티시그 주소에 코인을 잠가 두는 거래를 한다(오프닝 트랜잭션, opening transaction). 그러면 거래를 몇 번 반복해도 블록체인 외부에서 진행되어 **수수료가 들지 않고, 매우 빠른 속도로 처리가 가능하다.** 모든 거래가 끝나면 잠가 둔 코인을 해제하는 마지막 거래(커미트먼트 트랜잭션, commitment transaction)를 블록체인 상에서 실시해 마무리한다.

현재 비트코인 블록체인은 블록의 크기가 작다. 그렇기 때문에 블록에 담기는 거래량의 상한이 낮은 점이 문제가 되고 있다. 마이크로페이먼트 채널을 이용하면 블록체인 외부에서 대량의 트랜잭션을 고속으로 처리할 수 있는 만큼 이 기술은 블록체인의 용량 문제를 해결할 한 가지 수단으로 주목받고 있다.

---

49 한화로 약 100원
50 마이크로페이먼트는 소액 결제 시스템을 일컫는다. 소액 결제를 이용한 거래를 마이크로커머스(microcommerce)라고 부르기도 한다. 현재는 핸드폰 소액 결제가 많이 이뤄지고 있지만 점차 시간이 지나면 다양한 방식의 소액 결제 시스템이 등장할 것이다.

오프체인을 이용한 거래의 원리란?

기존

시간 →

→ 거래마다 각각 수수료가 든다

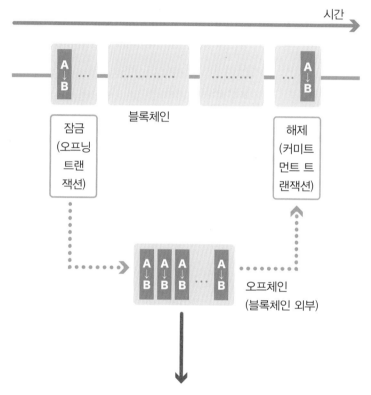

마이크로페이먼트 채널

시간

블록체인

잠금
(오프닝
트랜
잭션)

해제
(커미트
먼트 트
랜잭션)

오프체인
(블록체인 외부)

오프체인에서 하는 거래는 수수료가 들지 않는다.

▲ 오프체인을 이용함으로써 대량 거래 시 발생하는 수수료가 줄어들고, 블록체인 시스템의 부담도 줄어든다.

52

블록체인은
성능 변경이 불가능하다?

블록체인의 성능을 강제로
변경하는 '하드포크'

여러모로 주목을 모으는 비트코인에도 문제가 존재한다. 1블록(약 10분간의 거래 데이터)의 용량 상한이 1MB(수천 건 정도)로 정해져 있어서 장차 비트코인 거래가 확대되면 처리 능력이 한계에 다다른다는 점이다. 그래서 비트코인 블록체인의 성능 자체를 변경하려는 움직임이 생겨났다. 블록체인은 원래 관리자가 없는데 과연 성능 변경이 가능할까?

블록체인의 성능을 변경한 사례로 이더리움이 있다. 이더리움 블록체인을 기반으로 한 "The DAO(더 다오)"라는 프로젝트는 거액의 자금을 모았다. 그러나 2016년 6월, 코드의 취약점을 공격당해 약 3분의 1에 달하는 자금이 유출되었다.[51] 전대미문의 대사건에 직면한 The DAO 개발팀은 "하드포크(hard fork)"로 문제 해결에 나섰다.

하드포크란 기존 블록에서 새로운 블록을 강제로 뽑아내어 (fork) 블록체인의 성능을 변경하는 것이다. 이로써 기존 블록체인과의 호환성이 사라지기 때문에 새로운 블록을 택한 참가자는 무조건 새로 변경된 블록체인을 써야 한다. 많은 참가자가 성능이 변경된 새 블록체인을 택했지만 기존 블록체인(이더리움 클래식)을 택하는 이용자도 없지 않아서 현재까지 혼란이 지속되고 있다. 블록체인 자체의 성능 변경은 가능하지만 그것이 결코 녹록하지 않다는 점을 보여주는 사례다.

---

51 독일의 "Slock.it"이 2016년에 이더리움(Ethereum) 플랫폼을 사용한 The DAO의 ICO(initial coin offering, 가상화폐 공개)를 실시했다. 이것은 당초 예정했던 금액의 300배의 돈을 모았는데 당시 환율로 150억 엔(한화로 약 1,459억 원)에 달한다. 그러나 The DAO는 2016년 6월, "무한 나누기 방식(Split)" 기능이 악용되어 360만 이더리움(당시 시세로 한화 약 640억 원)을 해킹당했다. 이때 도난당한 코인은 전체 이더리움의 약 10%에 해당하며 이 사건으로 인해 이더리움은 코인당 21USD에서 13USD로 급락했다.

하드포크와 그 사례

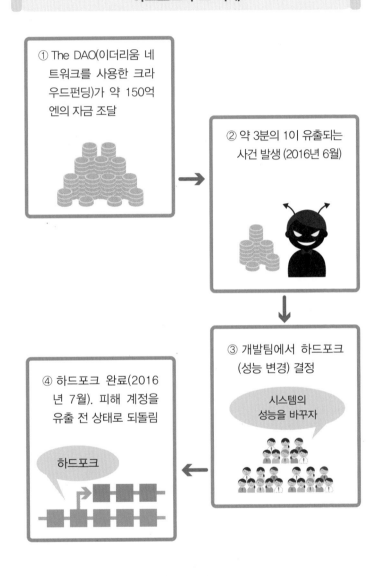

① The DAO(이더리움 네트워크를 사용한 크라우드펀딩)가 약 150억 엔의 자금 조달

② 약 3분의 1이 유출되는 사건 발생 (2016년 6월)

③ 개발팀에서 하드포크 (성능 변경) 결정

시스템의 성능을 바꾸자

④ 하드포크 완료(2016년 7월). 피해 계정을 유출 전 상태로 되돌림

하드포크

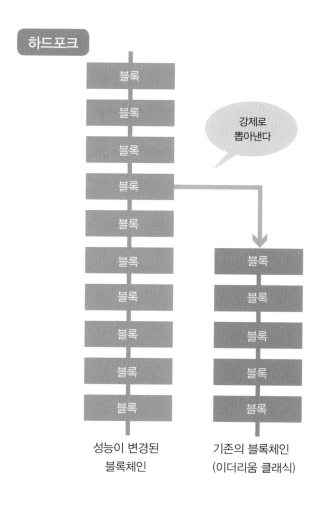

성능이 변경된
블록체인

기존의 블록체인
(이더리움 클래식)

▲ 과거에도 블록체인의 성능이 변경된 적이 있지만 관리자가 없는데도 불구하고 변경한
탓에 이후 큰 혼란을 초래했다.

53

비트코인의 최대 위기!
하드포크가 현실화된다?

일부 마이너(채굴자)가 주도하여
새로운 비트코인을 만든다?

이더리움은 하드포크를 현실화했다. 그것이 비트코인에서도 실현될 조짐이 보인다. 블록 크기에 상한(1MB)이 정해져 있는 비트코인은 송금 지연 문제가 발생한 적이 있다. 이러한 용량 문제를 해결하기 위해 세그윗(SegWit, 054참조)을 비롯한 다양한 대책이 고안되었지만 합의가 원만하게 진행되지 않아 문제 해결에는 이르지 못했다.

그런 가운데 한편으로는 하드포크를 강제로 단행하려는 움

직임이 불거졌다. 일부 채굴자가 주도하여 "용량 문제를 해결할
수 있는 비트코인"인 비트코인 언리미티드(Bitcoin Unlimited)를
만들자고 주장했고, 여기에 해시파워(hash power, 채굴 능력)가 강
한 채굴자들이 차례차례 찬동하여 졸지에 하드포크가 실현성을
띠게 되었다.

하드포크가 실현되면 과거부터 길게 연결된 블록체인이 어느
시점에서 둘로 쪼개져 버린다. 비트코인 코어(Bitcoin Core)라는
구 비트코인과 비트코인 언리미티드(Bitcoin Unlimited)라는 신
비트코인으로 나뉘는 것이다. 그리고 구 비트코인을 보유한 사
람에게는 동일한 분량의 신 비트코인이 자동으로 지급된다.

2017년 3월, 하드포크의 실현성이 드러나면서 이 문제로 인
해 업계는 대혼란에 빠졌다. 비트코인 가격은 폭락했고, 심지어
하드포크가 실현[52]되었을 때를 대비하여 거래소들이 공동성명을
내는 이례적인 사태까지 벌어졌다.

---

52 2017년 8월에 비트코인 하드포크가 실현되어 비트코인캐시(Bitcoin Cash)라는 가상화
폐가 생겨났다. 그 이후로도 10월에는 비트코인 골드(Bitcoin gold), 11월에는 비트코
인 다이아몬드(Bitcoin diamond)가 잇따라 분리되어 나왔다.

업계가 들썩들썩! 하드포크가 현실화?

비트코인의 문제점

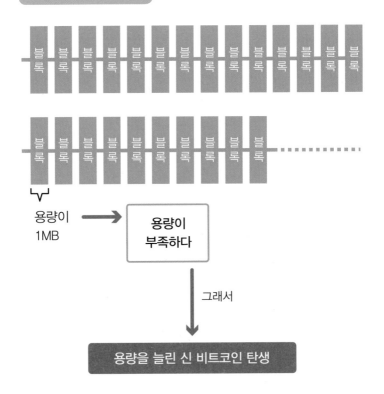

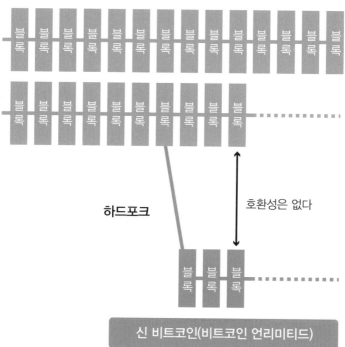

▲ 만약 채굴자가 주도하는 하드포크가 성공한다면 "비중앙집권적이라 누구도 통제하지
못한다"라는 비트코인의 이상이 무너질지도 모른다.

54

블록 크기를
키울 수 있을까?

블록체인의 용량을 늘리는 '세그윗'이란?

비트코인에는 블록의 크기(1MB)가 작아서 발생하는 문제가 있다. 이 문제를 해결하는 한 가지 방법은 세그윗(SegWit, Segregated Witness)이다.

세그윗이란 비트코인 블록에 담긴 서명과 공개키 등을 분리해서 다른 영역에 수납하는 방법이다. 원래 스크립트시그(scriptSig: 거래 서명과 공개키 등으로 구성된 프로그램)에 포함된 데이터를 분리해서 별도의 영역에 수납하는데, 이 별도의 데이터 영역을 위트니스(witness)라고 부른다. 세그윗은 프로그램의 내용을 "스크립트시그 속에 서명이 포함되어야 한다"에서 "위트니스 속에 서명이 포함되어야 한다"로 바꾼다. 이것은 블록 크기의 실질적 확장을 의미한다. 블록에서 데이터를 뺀 만큼 블록의 용량이 늘어나기 때문이다.

라이트닝 네트워크(Lightning Network)를 만들어 확장성[53] 문제를 해결하자는 주장도 들린다. 라이트닝 네트워크는 정규 블록체인상에서가 아니라 별도의 장소(오프체인)에서 비트코인 거래를 실시하는 방법이다. 비트코인 개발자들은 이 같은 문제를 매일 활발하게 논의하며 개발에 매진하고 있다.

---

53 확장성(scalability): 시스템의 규모 변화에 유연하게 대응할 수 있는 정도. 범위성이라고도 한다.

블록 용량 문제의 구세주 세그윗이란?

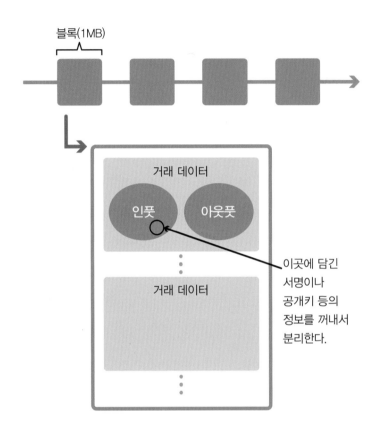

블록(1MB)

거래 데이터

인풋   아웃풋

거래 데이터

이곳에 담긴
서명이나
공개키 등의
정보를 꺼내서
분리한다.

▲ 세그윗을 도입하면 거래 데이터가 약 60% 줄어든다고 한다.

블록체인은 데이터베이스?

비트코인의 근간 기술인 블록체인에 주목이 쏠리면서 블록체인을 연구·개발하는 움직임이 왕성해졌다. 최근에는 프라이빗 블록체인(050 참조)이라고 불리는 폐쇄적 블록체인 개발이 기업 간 컨소시엄을 통해 진행되고 있다. 기존 블록체인의 공개성을 무시하는 프라이빗 블록체인은 "결국 데이터베이스나 마찬가지"라는 목소리도 들린다.

확실히 블록체인은 이를테면 잔액을 보존하는 데이터베이스로서 기능하고 있다. 그러나 블록체인과 데이터베이스는 근본부터 다르다. 블록체인은 변조가 몹시 까다롭고, 제로 다운타임 시스템을 저비용으로 구축할 수 있다는 강점을 지녔다. 나아가서는 이중결제를 방지한다든가 프로그램을 실행하는 등 기존에 불가능했던 일들을 실현하는 애플리케이션으로서도 기능한다.

5장

비트코인과
블록체인의
최근 동향

기회를 놓치지 말자!

비트코인 2.0이란?

비트코인 2.0은 화폐 이외의 사용법

비트코인은 인터넷상에서 관리자 없이도 '가치 전달'을 가능하게 만든 가상화폐다. 하지만 용도가 비단 화폐에 그치는 것은 아니다. 비트코인이 사용하는 블록체인 기술과, 블록체인이라는 근간 기술 자체를 여러 분야에 이용하려는 흐름이 있다. 이것은 "비트코인 2.0(혹은 블록체인 2.0)"이라고 한다. 이용이 주목되는 분야는 크게 다음의 두 가지로 나뉜다.

첫째는 독자적 화폐 발행이다. 예컨대 카운터파티(Counter

party)라는 것이 있다. 카운터파티는 비트코인 블록체인을 이용한 분산형 금융 플랫폼이다. 이 플랫폼을 사용하면 비트코인 블록체인상에서 누구나, 언제든지, 손쉽게, 독자적으로 화폐를 발행할 수 있다. 발행한 화폐는 교환이 가능하며 거래소에서 매매할 수도 있다.

둘째는 **스마트콘트랙트**다. 스마트콘트랙트란 전자적으로 표현된 자산을 미리 정한 규칙에 따라 자동으로 이전하는 원리다. 이것은 비트코인 블록체인이 아닌 독자적 블록체인을 이용한다. 비트코인 2.0에서는 블록체인이 단지 데이터를 교환하는 수단에 그치지 않고, 교환할 때에 조건을 다는 용도로 활용된다. 스마트콘트랙트를 도입하면 자동차나 부동산 등의 대여(조건부 교환) 절차를 자동화할 수 있다. 나중에는 교환 조건을 복잡하게 만들어서 기업 운영까지 블록체인으로 실시하는 날이 올지도 모른다.

비트코인(1.0)

교환 수단으로서의
화폐

▲ 비트코인 블록체인을 사용해서 누구나 독자적으로 화폐를 발행할 수 있다. 독자적 블록체인을 쓰는 스마트콘트랙트는 여러 분야에 응용이 가능하다.

비트코인 2.0(블록체인 2.0)

화폐 이외의 다양한 분야에 응용

사례① 독자적 화폐 발행

(카운터파티 등등)

독자적 화폐

대표적인 카운터파티용 월렛으로 사용하는 "인디스퀘어월렛(IndieSquare Wallet)"이 있다.

사례② 스마트콘트랙트

현금   엔터테인먼트   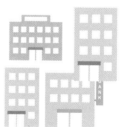 부동산

금융, 엔터테인먼트, 부동산, 공유 비즈니스 등등 용도는 다양하다.

56

행정의 구조까지 바꾸는 블록체인

블록체인으로 행정을 효율화하고 비용을 삭감한다?

    기업뿐 아니라 각국 정부에서도 블록체인을 주목하고 있다.[54] 가령 우크라이나 정부는 민간에 있는 여러 스타트업 기업과 함께 블록체인을 사용한 의결·투표 시스템 "e-Vox" 개발에 힘쓰는 중이다. 블록체인으로 발행한 코인을 투표에 이용한다거나 블록체인상에서 진술서를 작성해 변조를 방지함으로써 의회 운영 및 선거에 투명성을 담보하기 위해서다.

    벨기에의 앤트워프 시에서도 "디지털 앤트워프"라는 슬로건을 내걸고 블록체인을 이용한 **행정 서비스 시험**에 열중하고 있다. 앤트워프 시는 출생·생존 증명, 주민등록, 생애학습, 공공의사결정 분야에서 블록체인에 기초한 행정 서비스를 제공한다. 출생과 결혼은 물론 주민등록상 전입 이력, 고등학교와 대학교의 졸업 증명서도 전부 블록체인상에서 관리하여 행정 효율을 높이는 것이 목적이다. 또한 시장과 시의회 등의 의사결정을 블록체인상에 기록해서 프로세스의 투명화를 꾀하고 있다.

에스토니아 정부에서는 국민의 **의료 기록을 관리할** 목적으로 블록체인 시험 운영을 시작했다. 스웨덴 정부에서도 블록체인을 **토지등기 분야에 응용**하기 위해 테스트를 진행 중이다. 행정은 투명성을 지닌 프로세스가 중시되는 분야여서 블록체인의 장점이 두드러지기 때문에 많은 정부와 지자체가 블록체인을 개발하고 있다.

---

54 대한민국도 행정기관마다 블록체인 기술을 도입하기 시작했다. 서울시가 청년수당, 중고자동차 매매, 온라인 성책투표 시스템(엠보팅) 등에 블록체인을 적용하기로 했고, 경기도는 지자체 최초로 '2017 따복공동체 주민제안 공모사업 심사'에 블록체인 기술을 도입했으며, 조달청은 '나라장터' 운영에 블록체인을 도입한다고 발표했다.

블록체인은 행정 구조를 어떻게 바꿀까?

블록체인

의료 데이터

주민

부동산 등기

블록체인

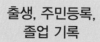

출생, 주민등록,
졸업 기록

블록체인

주민

행정의 효율 향상,
투명화

선거, 의회 운영

블록체인

▲ 블록체인 기술을 행정에 응용하면 주민 데이터 관리의 효율이 높아진다.

57

스마트콘트랙트 가능!
이더리움이란?

사람 없이도 계약 집행! 이더리움의 특징은?

　　이더리움이란 플랫폼의 명칭이며 여기에서 사용되는 가상화폐를 "이더(Ether)"라고 한다. 이더리움은 2013년 당시 19세이던 비탈릭 부테린이 작성한 「이더리움 백서(Ethereum white paper)」에서 출발했다. 2014년 초에는 이더리움 공동 창업자인 개빈 우드가 이것을 프로그램으로 구현하기 위한 계획을 발표했고, 같은 해 6월에는 가상화폐 이더를 비트코인과 교환하여 판매하는 크라우드세일[55]이 열렸다. 그 결과 이더리움은 18억 엔 상당의 자금을 비트코인으로 조달하는 데 성공하였고 이듬해인 2015년 6월 이더리움의 정식 베타버전인 프론티어(Frontier)를 공개했다.

이더리움의 가장 큰 특징은 **스마트콘트랙트**라고 불리는 개념이다. 스마트콘트랙트를 이용하면 계약의 조건과 이행 내용, 장래 발생할 프로세스 등을 블록체인상에 기록할 수 있다. 따라서 **제삼자를 거치지 않고 프로그램을 통해 자동으로 계약을 실행**하는 일이 가능하다. 계약 조건을 확인하고, 집행하는 모든 과정이 인터넷상에서 자동으로 실행되는 것이다.

"이용자는 몇 줄의 코드를 작성하여 우리가 상상도 못한 시스템을 작성할 수 있다"라는 비탈릭 부테린의 말처럼 스마트콘트랙트의 가능성은 예측할 수 없다. 관련 연구가 이제 막 시작된 만큼 앞으로의 연구 성과가 기대된다.

---

55 크라우드세일(crowd sale): 기업 설립 후 가상화폐를 공개하여 자금을 조달하는 방식. ICO(initial coin offering : 가상화폐 공개)라고도 부른다.

포스트 비트코인? 이더리움이란

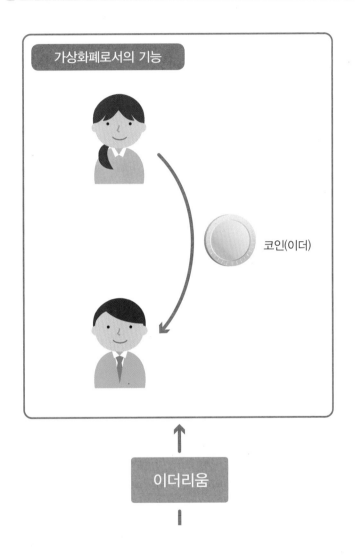

가상화폐로서의 기능

코인(이더)

이더리움

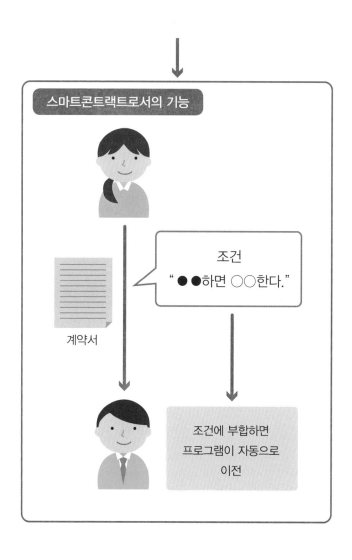

계약서

스마트콘트랙트로서의 기능

조건
" ●●하면 ○○한다. "

조건에 부합하면
프로그램이 자동으로
이전

▲ 이더리움은 가상화폐 "이더"의 발행 주체이자 스마트콘트랙트가 가능한 플랫폼이다.

DAO(분산형 자율 조직)란?

관리자가 없는 조직,
회사의 탄생

DAO(Distributed Autonomous Organization, 다오)란 '분산형 자율 조직'을 뜻한다. 다시 말해 중앙 관리자가 존재하지 않아 '자율적'이고 '분산된 형태'로 통치되는 조직이다(052의 "The DAO"는 DAO 형식의 프로젝트를 가리키는 고유명사). DAO는 비트코인과 함께 탄생한 새로운 개념의 조직 형태이고, 비트코인도 DAO의 일종이다.

DAO는 관리자가 없다는 점에서 기존 조직과 차이를 보인다.

DAO의 중심은 규칙, 프로토콜, 계약이다. 비트코인 역시 관리자가 없고, 그 중심에는 네트워크 시스템(조직)을 움직이는 일련의 프로토콜이 존재한다. "중앙 관리자 없이 자동적이고 자율적으로 통치되는 분산형 조직"이란 비트코인의 원리 그 자체와 같다. 차차 비트코인 이외에도 이러한 조직이 다수 생겨날 것으로 전망된다.

DAC(Distributed Autonomous Company, 다크)도 주목을 모으고 있다. DAC란 분산형 자율 '회사'를 의미한다. 요컨대 '자율적이고 분산된 형태'라는 개념을 회사에도 도입한 것이다. DAC는 사람을 거치지 않고 자동으로 사업(기업)을 굴리는 데 목적이 있다. 어쩌면 미래에는 DAC가 기업 경영을 도맡게 될지도 모른다. 여태까지의 기술 진보는 종업원의 일손을 로봇으로 대신하는 수준이었지만 앞으로는 '경영 그 자체'가 자동화되어 인간을 대신할 수도 있다.

기존 조직과 DAO의 차이

기존 조직

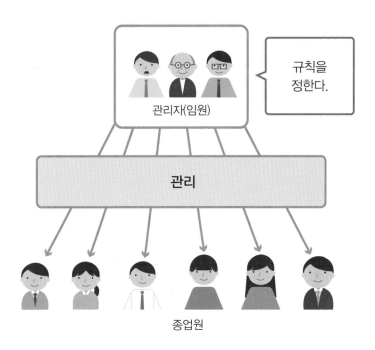

DAO(자율 분산형)

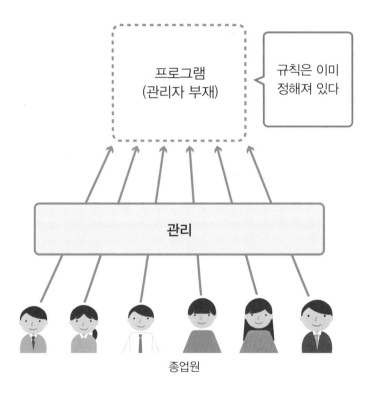

프로그램
(관리자 부재)

규칙은 이미
정해져 있다

관리

종업원

▲ DAO란 중앙 관리자 없이 자율적으로 운영되는 분산형 조직을 뜻한다. 세계 최초의
DAO는 비트코인이다.

The DAO 사건의
전말과 의미

사건 이후 단행한 하드포크는 옳은 결정이었을까?

"The DAO(더 다오)"란 이더리움상에서 유통되는 가상화폐 '이더'로 150억 엔 상당의 자금을 모은 크라우드펀딩(사업 투자펀드)이다. 이는 크라우드펀딩 사상 세계 최고액으로 전 세계가 The DAO 프로젝트의 귀추를 주목했다.

당초에는 큰 기대와 더불어 시스템이 순조롭게 기능하여 수많은 투자 프로젝트 제안도 받았다. 그중에는 취약점 수정 및 버전 업그레이드를 실시하는 프로젝트 제안도 포함되어 있었다.

사건(해커들의 공격)이 일어나기 3주 전부터 애플리케이션에 취약한 부분이 있다는 점을 아는 상태였기 때문이다.

하지만 개발팀은 그것을 당장 수정하지 않았다. 그 결과 프로그램의 취약성을 공격당해 시스템은 예상치 못한 상태에 놓였고, 자금의 약 3분의 1에 해당하는 50억 엔가량이 제어불능 상태가 되어 The DAO의 시스템이 완전히 무너졌다. 이것이 앞에서도 언급한 "The DAO 사건"이다.

The DAO에서 유출된 자금을 되찾기 위한 방법으로 하드포크가 제안되었다(052 참조). 하드포크는 구 버전과 호환되지 않는 소프트웨어 갱신을 모든 참가자에게 요구하는 방법인지라 반대도 있었지만 2016년 7월, 결국 하드포크가 완료되었다.

완료 이후에도 구 버전 이더리움(이더리움 클래식)에 값이 매겨지는 등 하드포크라는 결정은 화근을 남겼다. 이 사건은 비중앙집권을 내세우는 가상화폐의 원리 그 자체에까지 파문을 일으켰다.

The DAO 사건의 흐름

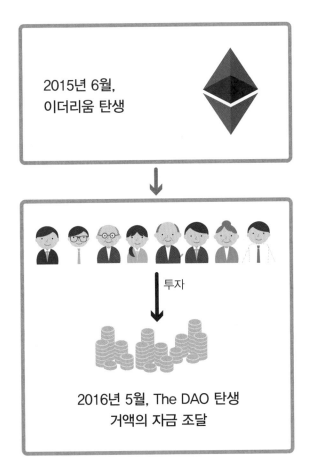

2015년 6월,
이더리움 탄생

투자

2016년 5월, The DAO 탄생
거액의 자금 조달

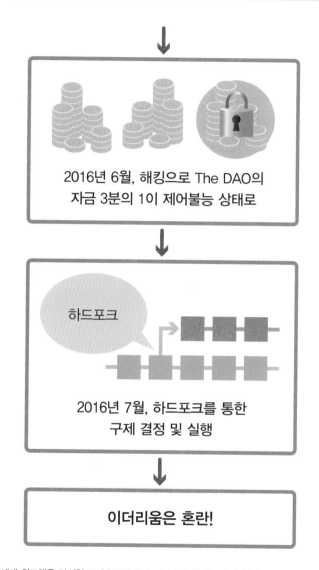

2016년 6월, 해킹으로 The DAO의
자금 3분의 1이 제어불능 상태로

하드포크

2016년 7월, 하드포크를 통한
구제 결정 및 실행

이더리움은 혼란!

▲ 세계 최고액을 달성한 크라우드펀딩 The DAO의 실패는 이더리움은 물론 가상화폐 그
자체에도 영향을 끼쳤다.

60

가상화폐 발행까지?
각국 중앙은행의 대처

중앙은행도 독자적 가상화폐 발행에 열중

　블록체인은 세계 각국의 중앙은행도 주목하는 기술이다. 잉글랜드은행은 "중앙은행이 실제로 가상화폐를 발행하는 것은 나중 일이다"라고 말하면서도 "블록체인은 은행 결제 시스템에 이루 말할 수 없이 유용하다"라며 블록체인 관련 연구를 진행하고 있다.

　중앙은행이 독자적으로 가상화폐를 발행하려는 움직임도 보인다. 스웨덴은 2009년과 비교했을 때 현재 유통되는 지폐와 동전의 양이 약 40%나 감소한 추세다. 이런 변화에 따라 가상화폐 검토가 불가피해진 스웨덴은행은 가상화폐를 검토하는 프로젝트를 창설했다. 거기에 네덜란드은행은 블록체인을 기반으로 한 "DNBCoin"이라는 가상화폐 개발에 전념하고 있으며, 캐나다은행에서는 "CAD-Coin"이란 이름의 코인 발행을 추진하는 중이다.

한편 싱가포르의 중앙은행(통화청)은 일본의 미쓰비시UFJ파이낸셜그룹, 미국의 은행, 싱가포르의 거래소와 함께 24시간 대응이 가능한 송금 서비스를 시험하기 시작했다. 중국에서도 중국 인민은행이 독자적으로 운영하는 가상화폐의 제작 계획을 발표했고, 캐나다은행과 네덜란드은행 또한 비슷한 계획에 착수했다. 일본은행도 유럽중앙은행과 공동으로 블록체인 연구에 열중하고 있다.

어느 곳이나 블록체인을 사용해서 현금으로 인한 범죄 위험을 줄이고, 징세를 확실히 하여 금융정책을 바로 세우는 것이 주된 목적으로 보인다.

블록체인은 중앙은행에 무엇을 초래하는가?

블록체인 도입의 이점

현금으로 인한 범죄 위험을 경감

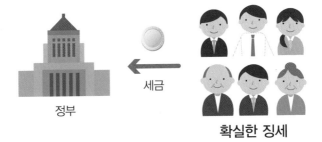

정부

세금

확실한 징세

각국 중앙은행의 대처

 잉글랜드은행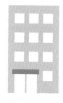

은행 결제에 활용하기 위한
블록체인을 연구

싱가포르 통화청

24시간 대응 가능한
송금 서비스 실험을 개시

 중국 인민은행

독자적 가상화폐
제작 계획을 발표

일본은행

유럽중앙은행과 공동으로
블록체인을 연구

▲ 가상화폐에 대한 견해는 제각각이지만 근간 기술인 블록체인에 주목하여 연구 및 개발
을 진행하는 중앙은행은 많다.

MUFG코인과 미즈호머니가
금융업계를 바꾼다?

위기의식을 느낀 초대형 은행, 가상화폐 발행에 나서다

　은행은 비트코인을 비롯한 다양한 가상화폐가 새롭게 떠오르는 현상을 보고 무슨 생각을 하고 있을까? 그들은 기존 비즈니스 모델에 대한 위협, 즉 자신이 존재하는 이유에 반하는 행동이라고 느끼면서도 이 상황을 기회로 파악하는 기색이 역력하다. 가상화폐를 직접 발행하여 자신의 존재 의의를 부각하고, 이로써 사업 기회가 확대되기를 기대하는 것이다.

　만약 은행이 가상화폐를 발행한다면 언제든지 짧은 시간에 송금이 가능해지는 데다 송금 수수료도 저렴해져서 **고객 서비스 향상**을 도모할 수 있다.

2017년 5월, 미쓰비시도쿄UFJ은행은 독자적 가상화폐인 MUFG코인을 단계적으로 시험해서 이듬해인 2018년 중에는 일반에 발행하겠다는 방침을 굳혔다. 미즈호파이낸셜그룹도 일본 아이비엠(IBM)과 협력하여 **미즈호머니**라는 가상화폐를 개발하겠다고 발표했다. 미즈호파이낸셜그룹에서는 이용자끼리 스마트폰으로 화폐를 주고받는 새로운 결제 시스템에 향후 미즈호머니를 활용할 수 있을지 검토하는 중이다.

가상화폐 발행뿐 아니라 블록체인 이용도 기대된다. 현재 초대형 은행에서 서버를 설치하고 운용하는 데는 막대한 비용이 들어간다. 지금의 중앙집권 시스템을 블록체인 기반 시스템으로 대체한다면 해당 비용이 대폭 줄어들 가능성이 있고, 이 또한 고객 서비스 향상으로 이어질 수 있다.

초대형 은행의 가상화폐 발행 동향

독자적 가상화폐 발행의 장점

고객 서비스 향상

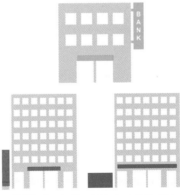

은행의 존재 의의가 드러난다

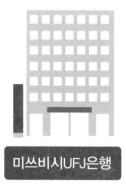

미쓰비시UFJ은행

"MUFG코인"을
2018년 중에 발행할 방침

미즈호파이낸셜그룹

일본 IBM과 함께
"미즈호머니"를
개발하겠다고 발표

▲ 초대형 은행이 가상화폐를 발행하면 신뢰성이 담보되는 새로운 형태의 가상화폐가 생길지도 모른다.

62

지방은행에도
블록체인 바람이 분다

초대형 은행과는 다르다! 지방은행의 블록체인 응용 방법

　중앙은행과 초대형 은행이 블록체인 개발을 서두르자 지방은행도 그런 움직임을 무시할 수 없는 상황이 되었다. 요코하마은행을 비롯한 일본의 지역은행과 인터넷은행 47곳은 **블록체인을 응용한 24시간 송금 시스템 구축을 목표**로 "국내외 외환 일원화 검토에 관한 컨소시엄"이라는 기업 공동체를 조직했다.

　이 송금 시스템은 미국의 리플랩스(Ripple Labs)가 개발한 결제 시스템을 일본에 맞게 개조한 것으로 2017년 중 가동을 목표로 하고 있다.[56] 이것이 실현되면 365일 24시간 값싼 수수료로 송금이 가능해지고, 수수료가 줄어드는 만큼 소액 결제도 수월해진다.

일본 시즈오카은행에서는 모넥스그룹, 후지 시의 요시와라상점가진흥조합과 함께 블록체인을 이용한 지역 활성화를 시도하고 있다. "네코반(NeCoban)"은 블록체인 기술을 응용한 쇼핑 포인트 서비스를 말한다. 스마트폰상의 월렛에 송신되는 포인트형 쿠폰을 유통시켜 지역 상점가 등에서 구매를 할 수 있도록 연결해 준다. 이것은 일본 최초로 블록체인을 지역 쿠폰에 활용한 사례인데, 쿠폰을 쓰면 1,000엔짜리 상품을 900엔에 살 수 있는 형태의 서비스가 될 예정이다.

지방은행은 지역과 밀착되어 있다는 강점을 지녔다. 지방은행이 지역화폐를 발행하면 화폐를 이용해 지역 경제권을 유지하고 활용방안을 다각도로 모색하여 지역의 경제 발전에 더욱 기여할 것으로 기대된다.

---

56 관련 정보가 업데이트 되는 사이트(http://www.sbigroup.co.jp/news/2017/03.html)에 들어가 보면 해당 기업의 여러 소식들을 볼 수 있는데 2017년 3월 2일에는 "결제 플랫폼 'RC클라우드'의 실험을 실시했다"는 소식이 올라왔고, 2017년 12월 6일에는 "2018년 상용화를 목표로 결제 플랫폼 'RC클라우드'의 보안과 고장허용한계(부분적인 고장이 발생해도 프로그램이나 시스템이 올바른지 작동하는 한계)를 강화한 'RC클라우드 2.0'의 구축을 완료했다"는 소식이 올라온 것을 볼 수 있다.

지방은행의 블록체인 연구는 지역 활성화가 열쇠?

지방은행의 대처 특징

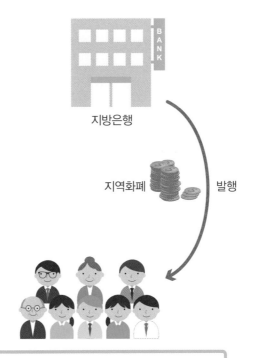

지방은행

지역화폐　발행

지역 경제권을 유지하고
다각도로 활성화하여
지역의 경제 발전에 기여할 것으로 기대

지방은행의 대처 사례

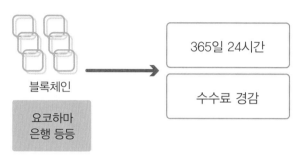

블록체인

요코하마
은행 등등

365일 24시간

수수료 경감

**블록체인을 기반으로 한
새로운 송금 시스템 구축이 목표**

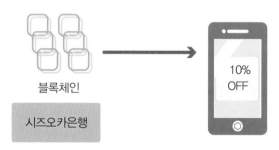

블록체인

시즈오카은행

10%
OFF

블록체인을 응용한 지역 쿠폰을 시도

▲ 지방은행에서도 블록체인 연구 및 개발을 진행하고 있다. 지방은행다운 지역 밀착형
서비스가 눈길을 모은다.

63

공유경제가
바뀐다

이제 우버와 드롭박스는 필요가 없다?

　빈방을 중개하는 에어비엔비(Airbnb)라든가 자동차 합승을 중개하는 우버(Uber)처럼 잉여 자원을 활용하는 공유사업이 주목을 끌기 시작했다. 그리고 이러한 서비스에도 블록체인을 응용하려는 움직임이 있다.

　이를테면 **라주즈**(La'Zooz)는 '분산형 우버'를 지향하는 서비스다. 목표대로라면 관리자가 아닌 프로그램에 따라 운영되어 수수료가 발생하지 않는다. 라주즈는 합승 서비스에 주즈(Zooz)

라는 코인을 이용하는 방안을 검토하고 있다. 차량을 공유하는 자동차 보유자에게는 보수로서 주즈가 지급된다.

스토리지(Storj)는 '분산형 클라우드스토리지'를 제공하고자 한다. 클라우드스토리지(cloud storage)란 인터넷상에서 데이터를 보관할 수 있는 서비스로 드롭박스(Dropbox)가 유명하다. 스토리지를 이용하면 다른 이용자의 하드드라이브에 남아 있는 용량을 써서 데이터를 보존할 수 있다. 그리고 자기 하드드라이브의 남은 용량을 제공한 사람은 SJCX라는 코인을 받는다. 게다가 스토리지에 보존하는 파일은 암호화된다. 암호를 풀 열쇠는 파일 보유자만 갖고 있기 때문에 드롭박스 같은 중앙집권형 클라우드스토리지보다 보안이 철저한 데다 이용료도 저렴하다.

블록체인은 우버와 드롭박스를 뛰어넘는다?

라주즈(La'Zooz)

우버(Uber)

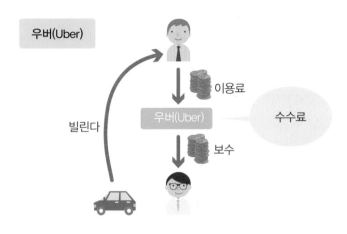

라주즈

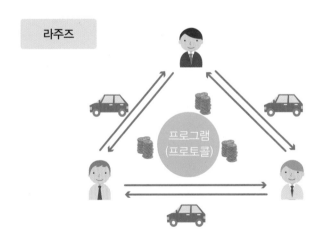

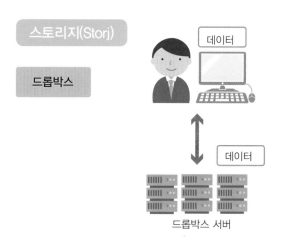

드롭박스

데이터

데이터

드롭박스 서버

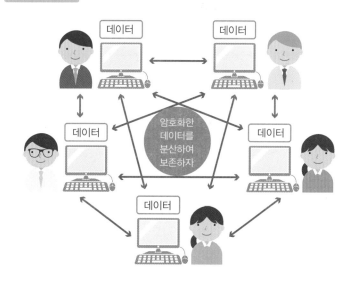

스토리지(Storj)

스토리지

데이터

데이터

데이터

데이터

암호화한 데이터를 분산하여 보존하자

데이터

▲ 블록체인을 사용하면 여러 공유사업을 중개자 없이 안전하게 운영할 수 있다.

64

하이퍼레저
프로젝트란?

세계의 지성을 결집한 대형 프로젝트

2016년 2월에 창설된 하이퍼레저 프로젝트(Hyperledger Project)란 블록체인 기술을 발전시키고 선도하기 위해 만들어진 그룹들이 하는 컨소시엄이다. 전 세계의 수많은 기업이 이 컨소시엄에 참가하여 블록체인 네트워크 형성을 시도하는 중이다. 현재 컨소시엄을 이끄는 리더는 리눅스 재단이며 참가 기업으로는 JP모건, 후지쓰, 히타치, 일본전기(NEC), 엔티티데이터(NTT DATA), 인텔, 아이비엠, 알스리(R3) 등이 있다.

하이퍼레저 프로젝트는 블록체인을 이용할 수 있도록 하는 오픈소스[57] 환경을 연구·개발하고, 패브릭(Fabric)과 이로하(いろは, 068 참조)라는 블록체인도 개발한다. 비트코인이 불특정 다수가 사용하는 화폐로서 블록체인을 공개한다면 하이퍼레저 프로젝트는 사업 현장에서 활용하기 쉬운 블록체인을 구조·설계한다.

디지털 원장기술을 다루는 영국 런던의 스타트업 기업인 에버레저(Everledger)는 하이퍼레저 프로젝트에서 개발한 블록체인 소프트웨어를 아이비엠의 고성능 리눅스[58] 서버인 리눅스원(LinuxONE)상에서 구동한다. 그리고 광산에서 소비자까지 다이아몬드의 유통 과정을 추적하고, 인증서와 거래 이력을 기록하는 서비스를 구축했다(015 참조). 이로써 추적 가능성을 갖춘 투명한 거래가 가능해졌다.

---

57 오픈소스(Open Source): 소프트웨어의 설계도에 해당하는 소스코드를 무료로 공개하여 누구나 그 소프트웨어를 개량하고 재배포할 수 있도록 하는 것. 또는 그런 소프트웨어.
58 리눅스(Linux): 컴퓨터 운영체제의 한 종류. 소스코드를 인터넷상에 무료로 공개하고 있어서 사용자가 원하는 기능을 직접 추가할 수 있다.

하이퍼레저 프로젝트의 특징과 응용 사례

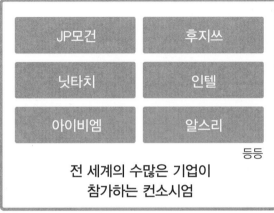

JP모건 후지쓰

닛타치 인텔

아이비엠 알스리

등등

전 세계의 수많은 기업이
참가하는 컨소시엄

블록체인을 이용할 수 있는
오픈소스 환경 개발

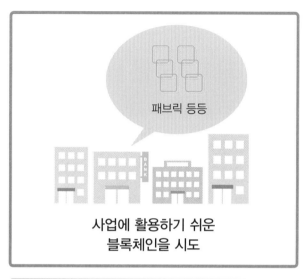

**사업에 활용하기 쉬운
블록체인을 시도**

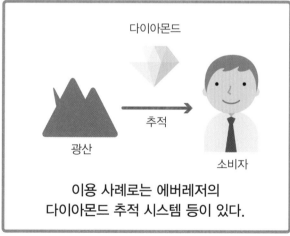

**이용 사례로는 에버레저의
다이아몬드 추적 시스템 등이 있다.**

▲ 하이퍼레저 프로젝트는 가상화폐가 아닌 블록체인의 보급을 목표로 한다.

65

블록체인은 IoT에
무엇을 초래할까?

블록체인상에 기록하여 사실 보증을 용이하게

IoT(Internet of Things)란 여러 가지 기구나 장치를 통해 인터넷에 접속하는 방식으로 보통 "사물인터넷"이라고 부른다. 사물인터넷은 각 장치에 있는 센서에서 송신된 정보를 중앙집권적으로 통제하는 방식이다. 이것은 시스템을 관리하는 데 비용이 든다. 하지만 시스템 운용에 블록체인을 도입하면 **비용을 큰 폭으로 줄일 수 있다.** 거기에 블록체인은 견고한 보안 시스템을 갖추고 있기 때문에 사물인터넷에 적합하다. 사물인터넷은 블록체인을 활용함으로써 크게 발전할 가능성이 있다.

일례로 일본의 세종(Saison)정보시스템과 GMO인터넷그룹이 공동 추진하는 '택배 박스'가 있다. 블록체인과 사물인터넷 기술을 활용해서 "본인만 수취 가능한 택배 박스"를 구현하려는 시도이다. 이 기술을 사용하면 택배업자가 물품을 박스에 보관하고, 본인이 수령해 간 내력이 스마트폰을 통해 블록체인상에 기록된다. 따라서 기사와 고객이 대면하지 않아도 오배송이나 도난으로 인한 택배 분실을 방지할 수 있어 배송 효율을 높이고 이용자의 편의가 향상된다.

또 다른 일본 기업인 스마트밸류(Smart Value)와 시비라(Sivira)는 자동차를 운전할 때 운전자가 하는 행동을 블록체인상에 기록하여 그 내용을 바탕으로 보험료 할인율을 결정하는 시스템을 구축할 계획이다.

어느 쪽이나 블록체인상에 정보를 기록하여 반영구적으로 사실을 증명하고 보증하는 일이 가능해진다.

블록체인으로 사물인터넷은 더욱 가속화

택배 박스

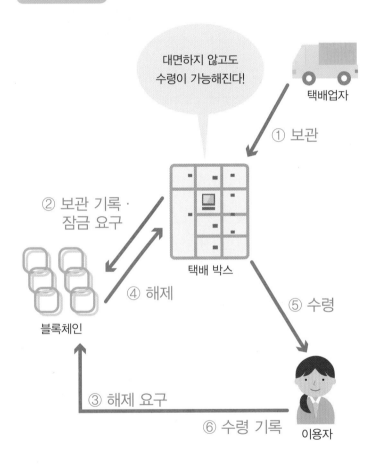

대면하지 않고도
수령이 가능해진다!

택배업자

① 보관

② 보관 기록 ·
잠금 요구

④ 해제

블록체인

택배 박스

⑤ 수령

③ 해제 요구

⑥ 수령 기록

이용자

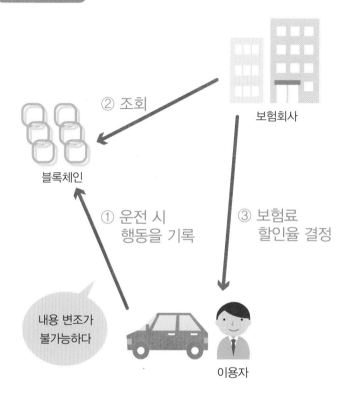

자동차 보험

② 조회

보험회사

블록체인

① 운전 시
행동을 기록

③ 보험료
할인율 결정

내용 변조가
불가능하다

이용자

▲ 블록체인의 이점인 강력한 보안을 사물인터넷에 적용하면 향후 다양한 서비스가 탄생
할 가능성이 있다.

66

음악업계에서도
주목받는 블록체인

권리자에게 자동으로 대가가 지급되는 구조란?

블록체인은 음악업계에서도 주목을 모으고 있다. 이를테면 업루브(Uproov)라는 애플리케이션은 블록체인을 이용하여 저작권 증명을 진행한다. 업루브를 통해 음악이나 사진, 영상을 올리면 블록체인상에 기록이 된다. 그 기록 때문에 오리지널 데이터를 조금이라도 손대거나 무단으로 사용했다가는 그 증거가 고스란히 남게 되는 것이다.

닷비시(dotBC)라는 플랫폼에서는 권리자 사이의 이익 분배와 같은 정보를 음악 파일에 전부 삽입하여 중앙 관리자 없이 저작권료 지급을 완결한다. 이것은 음악 전용 크라우드펀딩 플랫폼인 플레즈뮤직(PledgeMusic[59])의 창립자 벤지 로저스가 개발한 것으로 2016년 8월에 이미 알파버전이 공개되었다.

구체적으로 설명하면 닷비시에서는 "MVD(Minimum Viable Data)"라고 하는 메타데이터[60]를 음악 파일에 삽입한다. MVD에는 작곡자, 연주자 등의 권리 관계는 물론 저작권료의 분배 비율이며 조건이 플러그인[61] 형식으로 추가된다. 그래서 음악 파일이 팔린다든가 TV나 라디오에서 음악을 사용하면 자동으로 저작권료가 계산되고 지급까지 완료되는 것이다.

이처럼 블록체인은 전자 데이터가 해결해야 할 과제인 저작권 이전 및 사용료 문제를 풀 수 있는 가능성을 내포하고 있다.

---

59 플레즈뮤직(PledgeMusic): 플레즈뮤직은 2009년에 설립된 음원 업체로서 최근 블록체인 기술을 이용해서 그동안 관행처럼 굳어 있던 잘못된 음원 판매 시스템을 개선하겠다는 의지를 밝혔다. 블록체인 기술이 도입되면 '제작자가 음악을 시장에 내놓으면 소비자는 돈을 지불하여 음악을 사서 듣는다'는 것이 가능해지기 때문에 음원 판매 과정에서 저작권이 침해되거나 제작자가 아닌 제삼자가 부당한 이익을 챙기는 경우를 줄일 수 있다.

60 메타데이터(metadata): 데이터에 대한 데이터. 보통 오리지널 데이터의 작성자 정보, 권리조건, 이용조건, 이용내력 등이 기록된다.

61 플러그인(Plug-In): 어떤 프로그램에 새 기능을 추가할 목적으로 끼워 넣는 부가 프로그램.

음악업계의 구세주 '블록체인'

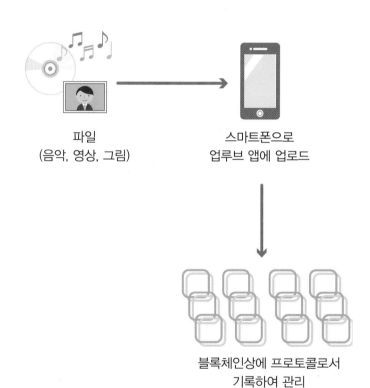

파일
(음악, 영상, 그림)

스마트폰으로
업루브 앱에 업로드

블록체인상에 프로토콜로서
기록하여 관리

닷비시의 구조

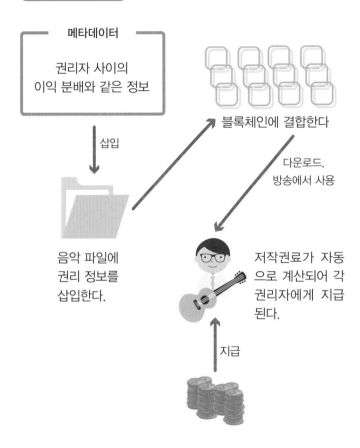

메타데이터

권리자 사이의
이익 분배와 같은 정보

삽입

블록체인에 결합한다

다운로드,
방송에서 사용

음악 파일에
권리 정보를
삽입한다.

저작권료가 자동
으로 계산되어 각
권리자에게 지급
된다.

지급

▲ 음악처럼 데이터 이동이 간편해진 콘텐츠의 권리 관계도 블록체인을 쓰면 데이터 자체
만으로 파악이 가능해진다.

개인 간 전력 거래에 블록체인을 이용

세계 최초의 개인 간 전력 거래

블록체인을 전력 거래에 응용하려는 시도도 보인다. 이 시도가 성공하면 자기 집에서 태양전지판으로 발전한 전력을 다른 가정에 직접 판매하는 일이 가능해진다.

미국에서는 이더리움 블록체인 기술을 사용해서 개인 간 전력 거래가 이루어진 바 있다. 2016년 4월의 일이다. 세계 최초로 성사된 이 거래는 녹색에너지 분야의 엘오스리(LO3)와 분산형 애플리케이션을 개발하는 컨센시스(ConsenSys)가 공동 프로

젝트를 통해 일군 성과다. 프로젝트명은 **트랜스액티브 그리드**
(TransActive Grid)다.

조금 더 자세히 살펴보자. 개인이나 전기회사가 생산한 모든
전력은 이더리움 블록체인상에서 집계하고 기록된다. 여기에 스
마트콘트랙트를 활용하면 개인이 발전(發電)한 전력을 P2P 형식
으로 다른 가정에 직접 판매할 수 있게 된다. 지금까지는 개인이
발전하고 남은 전력은 전기회사에서 도매가로 되사갔지만 앞으
로는 공개된 시장에서 직접 판매하는 일이 가능해지는 것이다.
전력 판매자는 기존보다 더 비싸게, 구매자는 더 싸게 거래할 수
있으니 쌍방이 이득을 얻는 윈윈관계가 구축된다.

일본에서는 2016년 4월부터 실시된 전력자유화[62]로 인해 본인
이 사용할 전기회사를 자유로이 선택할 수 있게 되었다. 머지않
아 일본에도 이런 구조가 도입되어 블록체인이 전력 거래의 형태
마저 바꾸는 날이 올지도 모른다.

---

62 전력자유화: 발전 및 송·배전 업무를 민간 기업에 개방하여 전기의 도소매를 허용하는
제도.

블록체인으로 개인 간 전력 거래도 거뜬하게!

① 전력회사 또는
개인이 태양광 발전을 실시한다.

② 모든 전력이
블록체인상에 기록된다.

③ 전력을 다른 가정에
직접 판매할 수 있다.

▲ 블록체인을 쓰면 데이터뿐 아니라 전력도 개인끼리 교환할 수 있다.

일본에서도 본격화!
블록체인 응용 연구

블록체인으로 일본의 벤처 기업이 활발해지다

　일본에서도 블록체인 응용 연구가 한창이다. 일본거래소그룹 (JPX)과 아이비엠은 **하이퍼레저 프로젝트**에서 개발하는 블록체 인을 활용하여 2016년 4월부터 실험을 실시했다. 하이퍼레저 프 로젝트는 사업용 블록체인의 보급을 추진하는 각종 프로젝트의 모체다(064 참조).

　이 프로젝트의 일환으로 일본에서 주목을 받은 것이 스타트업 기업인 **소라미쓰**(ソラミツ, Soramitsu)가 주도하는 **이로하**(いろは,

Iroha)다. 이로하는 히타치제작소, 엔티티데이터, 파나소닉 등등 많은 대기업의 협력을 등에 업고 일본을 대표하는 블록체인 계열 소프트웨어로 성장하고 있다. 또한 소라미쓰는 블록체인을 기반으로 한 신분 증명 플랫폼을 구축하는 일에도 열심이다. 은행 계좌를 여럿 개설할 경우 번거로운 절차가 따를 수밖에 없는데, 블록체인으로 신분 증명의 표준을 마련하면 더욱 편리해질 것이다.

그밖에도 비욘드블록체인(Beyond Blockchain)이라는 스타트업 기업은 이로하와는 별개로 독자적 블록체인 시스템을 개발하는 중이다. 비욘드블록체인과 제휴하여 할인 시스템을 개발하는 기업도 있다. 또 다른 블록체인 개발 기업인 시비라에서는 누구나 프로그래밍이 가능한 허브리브(hublive)라는 플랫폼과 연인의 사랑까지도 블록체인상에 기록할 수 있는 "소울젬(SoulGem)"이라는 애플리케이션을 개발하고 있다.

일본에서도 블록체인에 뜨거운 눈길

● 이로하

http://iroha.tech

스타트업 기업 소라미쓰를 중심으로 추진. 대기업이 협력하여 일본을 대표하는 프로젝트로 성장하고 있다.

● 시비라

https://sivira.co/index-ja.html

블록체인 기술을 개발하는 스타트업 기업. 허브리브라는 플랫폼과 소울젬이라는 애플리케이션 등을 개발한다.

▲ 일본에서도 블록체인 연구와 개발이 갈수록 활발해지는 추세다. 특히 스타트업 기업의 기세가 눈부시다.

69

일본 내 블록체인
창업 지원의 최근 동향을 알자

기업과 단체가 블록체인 사업을 지원

　　다양한 일본 벤처기업에서 블록체인 개발을 왕성하게 추진하는 가운데 이를 지원하는 체제도 마련되고 있다. 예를 들어 주식회사 블록체인허브(BlockchainHub)는 도쿄 에비스 지역에 "블록체인 인큐베이터"라는 시설을 설립했다. 블록체인을 채택한 스타트업 기업이 창업할 때에 전문적으로 도움을 주는 시설이다. 창업 희망자가 기회를 찾을 수 있도록 조력하고, 개발자와 사업가가 연결되면 창업 팀 구축을 지원한다. 2017년 중 5개사 지원을 시작으로 4년간 총 20개사의 창업을 지원할 계획이다.

블록체인허브에서 1년간 45차례 개최하는 블록체인 관련 강의도 총 1,000명 이상이 수강하고 있다. 더욱이 회사 간부가 와세다 대학과 게이오기주쿠 대학에서 블록체인 강좌를 개설하는 등 블록체인을 학문적 분야로도 확장하는 중이다.

비트플라이어에서는 일본 최초로 블록체인 사업 창출과 육성을 지원하는 "블록체인 엔젤펀드"를 조성했다. 이것은 사내 펀드이며 주로 시드머니[63] 및 창업자금을 지원한다. 비트플라이어는 여기에 기술개발 지원 등을 하고 블록체인 관련 노하우 공유를 통해 창업을 후원한다.

덧붙여 일본에는 이미 블록체인 관련 단체가 다수 존재한다. 주요 단체로는 일본블록체인협회와 블록체인추진협회가 있으며, 저마다 신규 사업을 지원하거나 블록체인을 보급하고 인식을 개선하는 활동을 진행한다.

---

63 시드머니(Seed money): 사업을 하기 위한 종자돈을 의미하며, 여기서는 창업 전 혹은 창업 직후에 이루어지는 개발비 투자를 말한다.

활성화! 여러 회사와 단체가 후원

●블록체인허브

https://www.blockchainhub.co.jp

일본 최초로 블록체인 관련 창업을 지원하는 "블록체인 인큐베이터"를 도쿄에 설립.
창업 지원 외에도 블록체인에 대한 강의 등을 개최한다.

● 일본블록체인협회

http://jba-web.jp

블록체인이 안전하고 믿음직한 기술로 성장하여 일본의 경제 발전에 이바지할 수 있도록 여러 활동을 진행한다.

▲ 블록체인이라는 기술이 발전하려면 지원과 정보 공유가 필수적이다. 일본에서는 근년 들어 그 토양이 조성되고 있다.

비트코인 및 블록체인 관련 기업과 단체 목록

비트코인거래소 **주식회사 비트플라이어** URL http://bitflyer.jp/	일본 최대 비트코인 거래소. 이용자 수가 50만 명을 넘어섰고, 업계 최초로 TV 광고도 내보냈다. 일본에서 업계 최대의 자본금을 가지고 있다. 블록체인을 연구하고 개발하여 신규 서비스를 창출하는 데도 힘쓴다.
비트코인거래소 **비트뱅크 주식회사** URL http://bitcoinbank.co.jp/	일본의 대형 비트코인 거래소. '비트뱅크 트레이드'를 이용하면 추가 증거금 없이 비트코인 거래가 가능하고, 등록도 간단하다. 레버리지는 최대 20배. 비트코인 뉴스미디어 〈BTCN〉을 운영한다.
비트코인거래소 **코인체크 주식회사** URL http://coincheck.com/	일본의 대형 비트코인 거래소. 비트코인 이외에도 리플, 넴(NEM), 대시(DASH) 등등 다양한 가상화폐를 거래할 수 있다.
비트코인거래소 **BTC박스 주식회사** URL http://www.btcbox.co.jp/	일본의 비트코인 거래소. 스마트폰 애플리케이션이 충실해서 각 거래소별 가격도 확인 가능. 필리핀 해외 송금을 비트코인으로 지원하는 서비스도 제공한다.
비트코인거래소 **주식회사 피스코 가상화폐 거래소** URL http://fcce.jp/	금융정보 송신회사 피스코의 비트코인 거래소. 신생 회사이지만 비트코인뿐 아니라 모나(MONA)코인도 취급한다. 향후 기업용(B2B) 서비스도 확충할 방침이며 거래 시스템은 테크뷰로에서 도입했다.
비트코인거래소 **크라켄** URL https://www.kraken.com/	2011년 설립되어 비트코인의 여명기부터 존재한 비트코인 거래소. 본사는 미국 샌프란시스코이며 비트코인 외에도 이더리움, 모네로(XMR), 대시 등의 가상화폐로 거래 가능하다.
비트코인거래소 **블록체인 연구개발** **테크뷰로 주식회사** URL http://techbureau.jp/	비트코인 거래소인 자이프(Zaif) 운영. 매월 고정액을 적립하여 비트코인 등을 구매하는 '자이프 코인 적립' 서비스를 제공한다. 독자적 블록체인 "미진"을 개발했다.
지갑 서비스 **브레드월렛 LLC** URL https://breadwallet.com/	비트코인 월렛(지갑) 서비스 "브레드월렛"을 제공하는 미국 기업. 단순하고 사용하기 쉬운 애플리케이션이라 전 세계에서 15만 명 이상의 이용자가 사용하고 있다. 아이폰과 안드로이드 모두에 대응한다.
지갑 서비스 **사토시랩스** URL https://satoshilabs.com/	콜드월렛인 트레조를 제조하고, 판매하는 체코 기업. 세계 최초로 "슬러스풀(slushpool)"이라는 마이닝 풀(Mining Pool, 공동 채굴) 서비스도 제공한다.

비트코인 기부 사이트 **주식회사 그라코네** URL http://gracone.co.jp/	키즈나(비트코인을 채용하여 소액부터 손쉽게 기부 활동을 할 수 있는 사이트)와 블록체인에 관한 온라인 커뮤니티 운영한다.
블록체인 연구개발 **소라미쓰 주식회사** URL http://soramitsu.co.jp/	블록체인 스타트업 기업. 리눅스 재단이 주도하는 하이퍼레저 프로젝트의 오픈소스에 "이로하"라는 이름으로 코드를 제공하는 일본 기업이다.
블록체인 연구개발 **시비라 주식회사** URL http://sivira.co/	"브루프(Broof)"라는 블록체인을 독자적으로 개발하는 회사. 연인의 사랑을 블록체인상에 기록할 수 있는 스마트폰 애플리케이션 "소울젬"을 제공한다.
블록체인 연구개발 **아이비드 주식회사** URL http://ibeed.jp/	아이비시(IBC)와 스키드(Skeed)가 합병한 회사. 블록체인 관련 소프트웨어 서비스를 개발하고 판매한다. 블록체인추진협회(BCCC)에도 가입했다.
블록체인 연구개발 **주식회사 Orb** URL https://imagine-orb.com/	독자적 분산장부 기술인 "Orb DLT"를 개발. 기업과 지자체가 직접 화폐를 발행할 수 있는 시스템(Coin Core)을 제공하고, 경제 인프라를 구축하는 서비스도 실시한다.
블록체인 연구개발 **알스리(R3)** URL http://www.r3.com/	미국 뉴욕의 스타트업 기업. 2015년 9월 당시 세계 최대의 워킹그룹을 결성하고 확대 중이다. 금융기관의 이용을 상정하고 분산장부 시스템을 개발하고 있다.
블록체인 연구개발 **컨센시스** URL https://consensys.net/	미국 뉴욕의 블록체인 소프트웨어 기업. 비트코인이 아닌 이더리움 블록체인에 근거한 애플리케이션을 개발한다.
블록체인 연구개발 **일본 아이비엠 주식회사** URL https://www.ibm.com/jp-ja	보안 수준이 높은 블록체인 기반 클라우드 서비스 "IBM Blockchain on Bluemix HSBN(High Security Business Network)"을 제공한다.
블록체인 연구개발 **주식회사 카이카** URL http://www.caica.jp/	이더리움 블록체인을 응용한 근태 관리 시스템 "블록로그"를 개발한다. 블록로그는 GPS로부터 위치 정보를 취득하여 장소, 업무, 시간 등을 변조 불가능한 데이터로서 관리한다.
블록체인 연구개발 **카울라 주식회사** URL https://kaula.jp/	2017년 1월에 설립. 이더리움 기반 플랫폼인 "SMP(Smart Market Protocol)"를 개발하기 위해 "카울라랩(Kaula Labs)"이라는 조직을 발족하고, 공유경제와 마이크로페이먼트 등을 실험하는 중이다.

블록체인 연구개발 **콘센서스베이스 주식회사** URL http://www.consensus-base.com/	블록체인에 대한 조언, 컨설팅, 개발을 실시하는 회사. 소프트뱅크, 다이와증권, 일본전기(NEC) 등과 거래한다. 실제 사업을 할 때에 발생할 수 있는 블록체인의 문제와 응용방법에 대한 노하우를 보유하고 있다.
블록체인 연구개발 **주식회사 나유타** URL http://nayuta.co/	IoM(Internet of Money)를 응용한 상품을 개발하는 후쿠오카 발 벤처기업. 블록체인을 응용하여 사용권을 통제할 수 있는 전원 소켓을 개발하는 것으로 유명하다.
블록체인 연구개발 **합동회사 키체인** URL http://keychain.jp/	"키체인(Keychain)"이라는 분산형 인증 플랫폼을 개발한다. 기존 시스템 환경에 추가하기가 쉬워서 인증이나 정보 암호화를 저렴하게 할 수 있는 플랫폼이다.
블록체인 연구개발 **소프트뱅크 주식회사** URL http://www.softbank.jp/	2017년 2월에 스프린트(Sprint), TBCA소프트(TBCASoft)와 제휴하여 통신사업자용 블록체인 기술을 개발하겠다고 발표했다. 통신업자를 위한 블록체인 플랫폼 구축이 목표다.
블록체인 연구개발 **GMO인터넷 주식회사** URL https://www.gmo.jp/	이더리움 블록체인에 기초한 "Z.com Cloud 블록체인"과 "ConoHa 블록체인"을 제공한다. 지역화폐, 전자쿠폰, 티켓의 위조 및 전매를 방지하는 서비스를 내놓을 계획이다.
블록체인 연구개발 **일본 마이크로소프트 주식회사** URL https://microsoft.com/ja-jp/	돗판인쇄, 스카이아치네트워크와 함께 지자체용 서비스를 제공하고자 공동 검증 프로젝트를 발족했다. 방재용 비품 관리, 지역 포인트 등등 지자체 서비스 분야의 활용을 목표로 한다.
블록체인 창업 지원 **주식회사 블록체인허브** URL https://www.blockchainhub.co.jp/	도쿄에 블록체인 창업을 전문으로 하는 "블록체인 인큐베이터"를 설치했다. 블록체인을 채택한 스타트업 기업을 대상으로 한 창업 지원을 추진 중이다.
블록체인 활용 **나스닥** URL http://www.nasdaq.com/	미국의 주식 시장. 비공개주식을 블록체인상에 토큰 형태로 발행하여 권리 이전이나 교환 시 발생하는 위험(인간의 실수, 불법행위 등)을 줄이고, 보다 안전하게 주식을 거래할 수 있도록 노력한다.
블록체인 활용 **오버스톡닷컴** URL https://www.overstock.com/	미국의 소매 중심 온라인쇼핑 회사. 세계 최초로 자사 주식을 블록체인상에 발행하여 1,090만 달러를 조달했다.
블록체인 활용 **에버레저** URL https://www.everledger.io/	2015년에 런던에서 창업한 신흥 기업. 블록체인을 응용하여 다이아몬드가 광산에서 소비자까지 유통되는 과정을 추적하고, 다이아몬드 인증서와 거래 이력을 기록하는 사업 네트워크를 구축했다.

블록체인 활용 **커런시포트 주식회사** URL http://www.ccyport.com/	"딜스4(Deals4)"라는 블록체인 활용 플랫폼을 제공하는 일본 기업. 기업용 계좌 관리 및 결제, 에스크로 서비스 등을 제공한다.
블록체인 활용 **아라라 주식회사** URL https://www.arara.com/	"포인트 플러스(point+plus)"라는 전자화폐 패키지를 제공하는 회사. 블록체인 기반 플랫폼인 "미진"을 사용하여 전자화폐에 대한 블록체인의 유용성을 실증하고 있다.
블록체인 활용 **주식회사 시즈오카은행** URL http://www.shizuokabank. co.jp/	일본 후지 시 요시와라상점가진흥조합 등과 함께 블록체인을 응용한 포인트형 전자쿠폰을 지역 상점가에 유통시켜 구매를 촉진하는 실험을 진행한다.
블록체인 활용 **사쿠라인터넷 주식회사** URL https://www.sakura.ad.jp/	테크뷰로와 공동으로 블록체인 구축 플랫폼인 "미진"을 사용한 전자화폐 결제 시스템을 연구 중이다. 초당 3085.77건, 최대 4,142건의 거래를 안전하게 처리하는 실험에 성공했다.
가상화폐 개발 **주식회사 미쓰비시도쿄UFJ은행** URL http://www.bk.mufg.jp/	2017년에 독자적 가상화폐인 "MUFG코인"을 일반에 발행할 예정이다. 2018년부터는 블록체인을 이용한 국제 금융 서비스를 개시할 계획이다.
가상화폐 개발 **주식회사 미즈호파이낸셜그룹** URL https://www.mizuho-fg.co.jp/	2017년 4월에 블록체인을 사용한 무역 거래를 개시하겠다고 발표했다. 이로써 거래 시간을 단축하고, 사무 작업의 효율을 높일 계획이다. 일본 아이비엠과 손잡고 "미즈호머니" 개발에 열을 올리고 있다.
컨소시엄 **하이퍼레저 프로젝트** URL http://www.hyperledger.org/	2016년 2월에 설립된 블록체인 보급을 추진하는 공동사업체. 리눅스 재단의 주도하에 세계의 많은 기업이 협력하여 블록체인 네트워크를 형성하고 있다.
컨소시엄 **일반사단법인 블록체인추진협회** URL http://bccc.global/	약칭 BCCC. 뜻을 같이하는 일본 기업과 단체가 블록체인 정보의 교환 및 보급을 목적으로 활동한다. 협회원인 주식회사 인포테리아(Infoteria) 등과 공동으로 운영하는 "젠(Zen)"이라는 가상화폐 프로젝트를 진행하고 있다.
컨소시엄 **일반사단법인 일본블록체인협회** URL http://jba-web.jp/	약칭 JBA. 블록체인에 대한 정책을 제안하거나 관련 부처 및 단체와 제휴하여 의견을 교환하고, 자주적 가이드라인을 제정하는 등 여러 활동을 한다. 가상화폐법에서 정한 "인정자금결제사업자협회(認定資金決済事業者協会)"가 되는 것이 목표다.

60분 만에 아는 블록체인

초판 1쇄 발행 2018년 3월 27일
초판 6쇄 발행 2021년 9월 24일

지은이 · 가상화폐 비즈니스 연구회
옮긴이 · 이해란

펴낸이 · 이종문(李從聞)
펴낸곳 · ㈜국일증권경제연구소

등록 · 제406-2005-000029호
주소 · 경기도 파주시 광인사길 121 파주출판문화정보산업단지(문발동)
영업부 · Tel 031)955-6050 | Fax 031)955-6051
편집부 · Tel 031)955-6070 | Fax 031)955-6071

평생전화번호 · 0502-237-9101~3

홈페이지 · www.ekugil.com
블로그 · blog.naver.com/kugilmedia
페이스북 · www.facebook.com/kugillife
E-mail · kugil@ekugil.com

·값은 표지 뒷면에 표기되어 있습니다.
·잘못된 책은 구입하신 서점에서 바꿔드립니다.

ISBN 978-89-5782-122-0(03320)